瀧川辨三

神戸と燐寸《マッチ》と教育と

瀧川好庸 著

はじめに

人は誰でも皆、この世に生を受けたとき、誕生祝いとして、一枚大きな真っ白いキャンバスを贈られる。

このキャンバスに描く絵は、その人が歩んだ人生。その絵がどんな作品になるか、それは作者次第。

１００人いれば１００枚の違った作品が生まれる。一枚として同じ絵はない。

あなたは、どんな人生を送り、どんな作品を描いて、一生を終えるのだろうか。

ここに一人、筆者の曽祖父である瀧川辨三《たきがわべんぞう》なる人物がいる。この人物がどんな絵を描いて絵筆をおいたか、これから見て行こうと思う。

明治時代の初めから大正時代の終わりまで、この、日本の最も重大な動乱期を生きた人物である。

最後までお付き合いいただければ幸いである。

瀧川 好庸

目次

出会い

この瀧川を遠く遡れば、大伴氏にたどり着く。そのごく細い支流の一筋である瀧川家の辨三（通称、武熊）は、１８５１（嘉永４）年12月13日、父・清（資致）と母・益の二男として生を受ける。

　2歳上に兄・六郎、妹にたか子、2人の弟・志一と弥八の5人兄妹であった。

　父・清は長府藩士で母・益も同じく長府藩士荻野家の出である。

　辨三が誕生したころ、清は藩の番頭職にあった。長府でこのまま長じ、また時代も変わらなければ、二男ではあったが、辨三にも士分としてそれなりの将来が約束されていただろう。

　幼い辨三は知る由もないが、当時の日本は、国内ではさまざまに騒乱が出来《しゅったい》し、諸外国からは激しく開国を迫られ、幕藩体制も鎖国政策も破綻寸前だった。

やがて日本は、江戸幕府265年という泰平の夢を破られて開国へと向かうが、まさにこの驚天動地の大動乱時代の幕開けとともに、辨三は生を受けたことになる。

激しく揺さぶられたこの日本の、当時の若者は若き血を滾《たぎ》らせ、それぞれの信じる主義信条に従い、多岐多様な生涯を歩むことになる。

辨三もそんな若者の一人だった。


江戸から1000キロも離れた瀬戸内海に臨む、温暖で穏やかな長門国（山口県）の長府で、辨三は兄六郎の後を追いかけ、野山を駆けめぐり、海や川に親しみ、自然と戯れる活発な少年時代を過ごす。

小柄ではあったが、10歳のころには兄六郎に木刀で挑みかかり、兄も辨三が音を上げるまで受けて立つ、仲良く競い合う兄弟であった。

13歳の1864（元治元）年6月、兄の後を追って長府藩の藩校・集童場に学ぶが、ここで辨三は運命的な出会いをする。

兄と同い年の乃木文蔵、のちの陸軍大将、乃木希典である。

辨三は兄や文蔵らと規律正しい生活の中で切磋琢磨し、文武に秀でた逞しい若者に育つ。この竹馬の友文蔵とは、畏友として生涯交誼を重ねることになる。

辨三が学んだ集童場（山口県下関市忌宮神社内）（長府観光協会提供）

六郎と文蔵は長府藩の報国隊に入る。元服前の14歳であったが、辨三も見習いとして入隊を許可される。
辨三は集童場で勉学を積む一方、報国隊で鍛錬に励む。
この報国隊で辨三はもう一人、後に明治政府で大活躍する人物に出会う。萩藩から出仕していた伊藤俊輔である。
俊輔とは、後に初代兵庫県知事に、さらには初代内閣総理大臣になる、あの伊藤博文のこと

伊藤博文（国立国会図書館提供）

である。

辨三は集童場時代から武士の子弟として馬に親しみ、乗馬に長じていた。一方、農家の出で、足軽の家の養子だった俊輔は、年長ではあったが、馬を乗りこなすのに手こずっていた。辨三と俊輔は乗馬を介して一層親密さを増していく。

世は風雲急を告げていた。

ここは、複雑な幕末の政情や、明治維新の変遷を語る場ではないが、時代背景として少しは触れておかなければならない。

いわゆる黒船の襲来は１８５３（嘉永６）年である。ペリー率いるアメリカ合衆国海軍東インド艦隊の蒸気船２隻が江戸湾入口に位置する浦賀沖に来航した。

江戸沖に初めて来訪した蒸気船、この黒船襲来にどう対応すべきか、江戸幕府は右往左往し、混乱状態となる。

国内でも、幕藩体制は大きく揺らぎ、打倒幕府勢力が台頭。一方に天皇統治を望む勤王派の勃興もあり、この両派が各地で激しく争い、不穏な空気が充満していた。

こうした統治上の混乱に追い打ちをかけたのが、洪水等の自然災害であり、凶作による飢饉も常態化し、さらにはコレラ、天然痘といった疫病も猛威を振るい、江戸幕府は内外から激しく揺さぶられ、風前の灯という状態だった。

この難局を打開すべく幕府の打った手が公武合体政策、いわゆる皇女和宮の降嫁である。

幕府は、仁孝天皇の第八皇女和宮親子内親王を、江戸幕府第14代将軍徳川家茂の正室に迎え、幕府体制の立て直しを図る。１８６２（文久２）年のことである。

こうした弥縫策《びほうさく》とも思える国内安寧のための政策をとる一方、幕府は対外との間で頻発する大事件の対処にも悩まされていた。

いわゆる生麦事件（1862年）であり、翌年の薩英戦争、そしてイギリス公使館焼き討ち事件といった出来事である。

こうして国内外の騒擾《そうじょう》は麻のごとく乱れ、収まる気配はない。

1864（元治元）年には長州藩勢が、会津藩主京都守護職、松平容保の罷免を求めて、御所近隣で市街戦を展開する（禁門の変、または蛤御門の変）。危機を覚えた朝廷は、長州征討の勅令を幕府に下す。1864年、次いで1866（慶応2）年のことである。

こうしたさまざまな大事件に、日本にとっての最も重大な出来事が重なる。天皇の崩御と即位である。

1867年1月30日（慶応2年12月25日）の孝明天皇の崩御、そして同年2月13日（慶応3年1月9日）の明治天皇の即位である。

開国を迫る国外からの圧力に加え、国内は攘夷復古尊皇倒幕佐幕と四分五裂した大騒乱に、この御世の交代が重なる。

国内の安寧をいかに守るか、この日本国をいかに植民地化から守るか、日本は絶体絶命の淵に立たされる。

この絶体絶命の日本を救うべく、江戸幕府第15代征夷大将軍徳川慶喜が打った手は、大政の奉還という未曾有の一大政策であった。朝廷と幕府の二元統治に限界を覚え、討幕派の機先を制して天皇に政権を返還する。1867年11月9日（慶応3年10月14日）のことである。

これを受けて直ちに、1868年1月3日（慶応3年12月9日）、明治天皇は勅令を発して新政府の樹立を宣言（王政復古の大号令）。

ここに、265年に及んだ江戸幕府が終焉を告げる。

時を移さず明治新政府は徳川慶喜に、内大臣の職の辞任と、一部領地の朝廷への返納（辞官納地）を求める。

討幕派の陰謀と激怒した幕臣は慶喜を擁し、会津・桑名の佐幕雄藩と京都に進撃。新政府軍薩摩・長州連合と京都南部の鳥羽、次いで伏見で戦火を交える（鳥羽伏見の戦い）。

戦力的に優勢な幕府軍だったが、皇軍の陣地に翻る「錦の御旗」を目にし、賊軍の思いに駆られ、次第に戦意を喪失していく。

端から戦う意欲のなかった慶喜は、海路で江戸に逃れる。頼みの慶喜は逃亡し、「錦の御旗」に弓を引く幕府軍はまさに朝敵であり、戦況は皇軍優位に展開する。

この両軍の戦いは1年半にわたり、あちこちで繰り広げられる。戊辰戦争である。

幕末から明治時代にかけてのこの世情はどうしても必要であると思い、少し長くなったが紹介した。お許しいただきたい。


さて、この戊辰戦争に長州藩報国隊も参戦する。1868（慶応4）年4月、報国隊は政府軍として越後（北越戦争）に、次いで会津に転戦する。

辨三も、六郎や文蔵とともに従軍する。

12月に辨三は長府に戻るが、以後、兄六郎とあいまみえることはなかった。思いもしなかったに違いない。

この兄六郎の戦死により、辨三は瀧川家の嗣子になる。

ここでまた少し、辨三から離れさせてもらいたい。後に辨三が居を定め、活躍の場とする神戸と、その神戸の発展にかかわった伊藤俊輔に、触れておかなければならない。

俊輔は、1863（文久3）年藩命により、井上馨らとイギリスに密航する。この渡航経験から俊輔は攘夷から開国派に転じる。

一連の攘夷事件の一つとして1868（慶応4）年に神戸でも事件が勃発する。備前藩の兵が、隊列を横切ったフランス人水兵らを無礼打し、銃撃戦となった、いわゆる神戸事件である。

27歳の俊輔はこの事件に積極的に関わり、外国事務局御用掛の陸奥陽之助（のち宗光）らと事件の解決に奔走する。

この事件は、備前警衛隊長であった瀧善三郎の切腹（能福寺に供養碑がある）をもって落着するが、日本の将来を左右する、重大な外交事件であった。

俊輔はこの事件解決の手腕を買われ、外交担当として神戸にとどまり、1868（慶応4）年7月に、官選初代兵庫県知事に抜擢され、1869（明治2）年5月までその責を果たす。

神戸にあったこの間、俊輔は神戸村の居留地建設に大きくかかわり、後の国際都市神戸の礎を築く重要な人物の一人となる。

10年ほど遡る1858（安政5）年、幕府は天皇の勅許を得ずに、アメリカ、オランダ、ロシア、イギリス、フランスの五か国と条約を締結する（安政の五か国条約）。この条約で、兵庫津（大輪田泊）の開港、大坂の開市も求められていたが、先に述べた朝廷と幕府の二元政治で意見が対立。期限内の履行が困難になる。業を煮やしたイギリス公使パークスは1865（慶応元）年9月、英米仏蘭四か国の艦隊を兵庫沖に率い、条約の勅許と大坂の開市、兵庫の開港を求めて圧力をかける。やむなく孝明天皇は条約への勅許を出し大坂の開市は認めたが、兵庫の開港は認めなかった。兵庫は御所に近く、危険と判断したからである。

この中途半端な勅許に腹を据えかねたパークスは、欧米列強に有利な改税約書を強引に調印させる。

こうした列強の実力行使を経て兵庫津の開港は果たされるが、勅許が得られたのは先の条約締結から実に9年を経た、1867（慶応3）年5月のことであった。

列強は、兵庫津の開港を見越して、兵庫の東の神戸村に外国人居留地の建設を予定していた。

畿内の西端に位置する兵庫津は大化の改新以来賑わい、中世には宋との貿易で栄え、北前船や多くの船舶の寄港地でもあり、当時すでに、2万人からの人口を擁する大きな港町として賑わっていた。

この地に居留地を開く余裕はなかったのである。

1867（慶応3）年4月13日、幕府と諸外国代表団は神戸村外国人居留地の取り決めを交わす。その第1条に「…神戸村と生田川との間に…」と具体的な場所の定めがある。

これに基づき、1868年1月1日（慶応3年12月7日）の開港に合わせて、居留地の建設が開始されるが、全体の景観や機能が整うのは、1875（明治8）年になってのことである。

江戸幕府は柴田剛中を兵庫奉行に任命し、居留地と新しい港湾の造営に当たらせる。

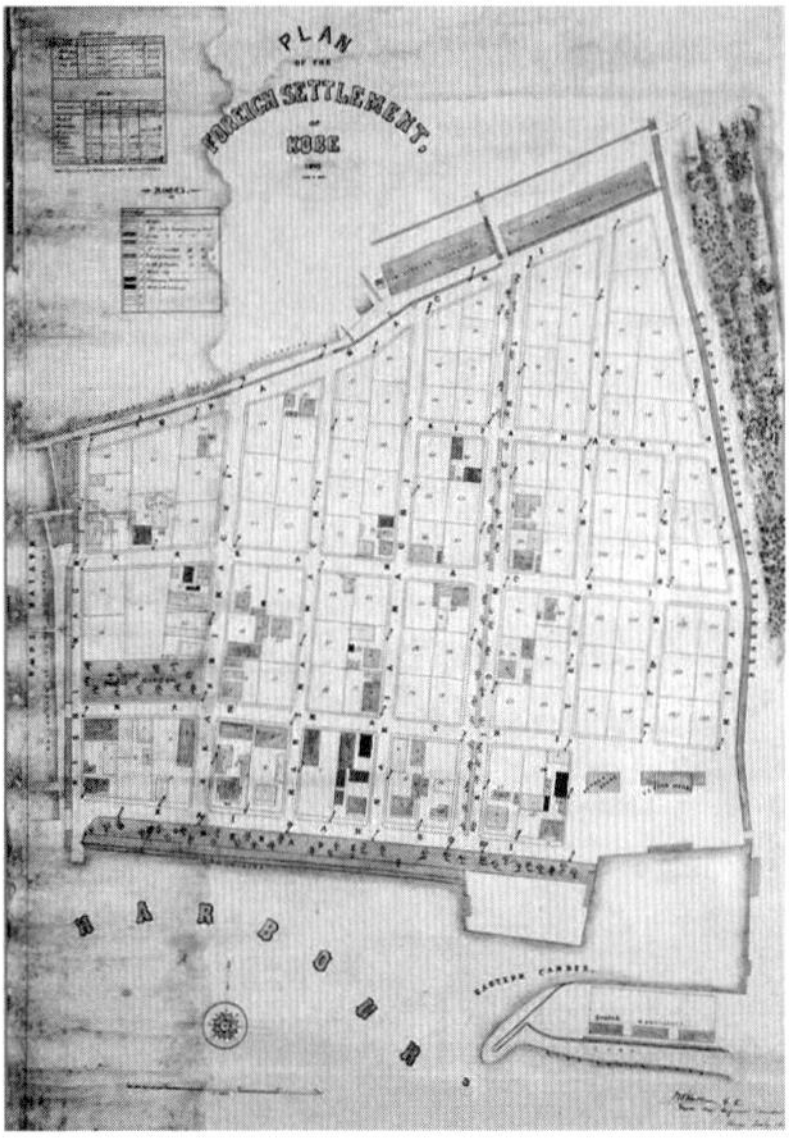

ハートの「居留地計画図」（1870年）
（神戸市立中央図書館蔵）

イギリス人技師ハートの設計をもとに伊藤知事らも交えて協議を重ね、街路や公園、街灯や下水道まで整備された設計図が提示される。

取り決めに従い、居留地の候補地として、兵庫津の東3・5キロの鯉川（今の鯉川筋）と、さらにその東の生田川（今のフラワーロード）の二本の河川を東西の境とし、西国街道（今は花時計線と愛称される）を北側の、そして南は今の海岸通とする、この四角形の土地、約25万8千平方メートルがそのエリアとして確定し、急遽造成工事に取り掛かる。

すでに建設されていた神奈川（横浜）、長崎、箱館（函館）の居留地に劣らない神戸居留地の建設が目指された。

居留地を含む近隣一帯の整備を請け負ったのは加納宗七であった。
加納は紀州藩の御用商人の家に生まれたが、尊皇攘夷運動に参画し、反対派に追われて神戸に逃れ、当時手広く材木業と廻船業を営んでいた。

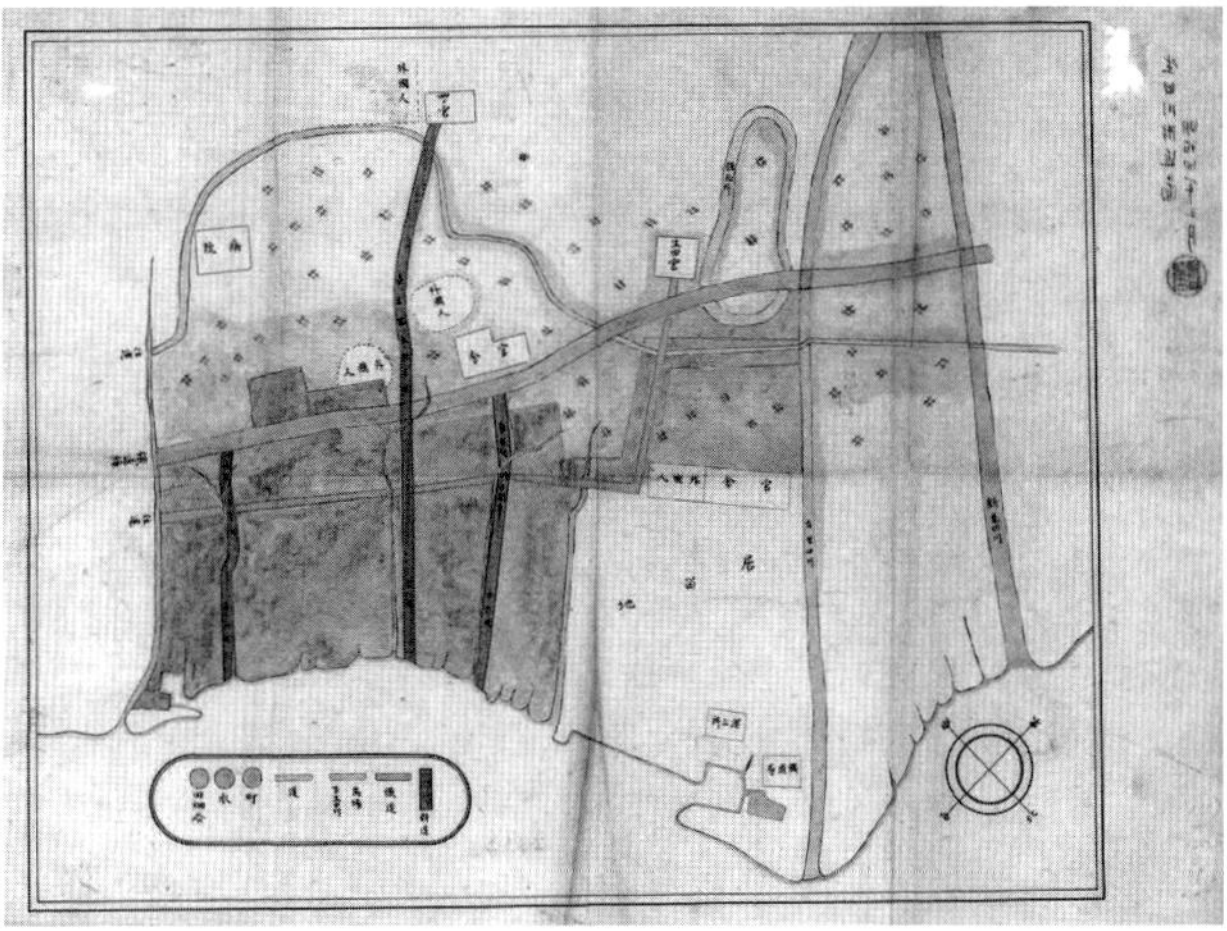
「生田川附近ノ図」（明治４年３月）右端の縦線が現在の生田川。その左の川筋が旧生田川（現フラワーロード）（神戸市立中央図書館蔵）

当時の生田川は、現在の新神戸駅あたりから大きく西に振れ、加納町三丁目の交差点から三宮のガード下を経て海に至る、今のフラワーロードをなぞる流れであった。

生田川は大雨が降るとたびたび氾濫し、一帯は大洪水に見舞われていた。特に１８６８（明治元）年の氾濫では、下流の西側に位置する居留地や開港場あたりまで被害が及び、生田川の治水は緊急を要する土木工事となっていた。

居留地の区画図

加納がまず取り組まなければならなかったのは、この生田川の付け替えという一大難工事であった。

この付け替え工事で誕生した新生田川が、六甲山系からまっすぐ海に注ぐ、今の生田川である。

港湾関係の工事が突貫で進む一方、居留地も急ピッチで造成されていく。

居留地は、東北角は現在の神戸市役所、西北角は大丸神戸店、北は西国街道、南は海岸通の、この四角形のエリアである。

この地域が１２６区画に分割されて、東西南北に規則正しく道路が敷設され、京町筋、江戸町筋、浪花町筋、播磨町筋、明石町筋等の道路名がつけられた。特に京町筋は道幅も広く、歩道と馬車道が分離されていた。道路には街路樹とガス灯が配され、居留地全体が外国の街を思わせる佇まいで、とても日本とは思えない異国情緒を醸し出していた。

居留地東側には、外国人と日本人が共同使用する公園、内外人公園（現在の東遊園地、ここに加納宗七のモニュメントと像がある）が設けられ、海岸通り（今の国道2号）には散歩道をかねた緑地帯が造られた。

内外人公園の西側一帯は伊藤町と命名され、初代知事の名を今日にとどめている。なお、京町筋南詰には、勝海舟の建言による海軍操練所が1864年に幕府により造成されている。

そして西の宇治川、東は付け替え前の生田川、南は海岸、そして北は山麓までが雑居地と定められ、この地域での外国人の居住が認められた。その面影が今日、北野町あたりに残っている。


少し長くなってしまった。辨三に話を戻そう。

瀧川家の嗣子となり長府にあった辨三だが、1870（明治3）年5月に新しい時代の新しい学問に触れようと意を決し、大阪に出て開成所に学ぶ。

福沢諭吉（国立国会図書館提供）

開成所は大阪洋学校と理学校の統合になる、当代洋学教育の西の最先端校であった。辨三はここで英語と理化学を学ぶが、これが後の辨三に大きく寄与することになる。

大阪開成所での１年半の勉学を終え、辨三は東京に向かう。

福沢諭吉に惹かれたからである。

福沢諭吉は、大阪の緒方洪庵の適塾で学び、欧米への２度の渡航を経て１８６６（慶応２）年に『西洋事情』の初編３冊を出し、翌年再度渡米し帰朝後３冊、そして１８７０（明治３）年に２編４冊を刊行している。

偽版が出るほどのベストセラーだったから、むさぼり読み、虜になる若者も多かったに違いない。辨三もそんな一人だった。

鎖国で知る手立ても乏しかった、西洋という異国の世界への興味が、当時の若者の心をどれほど捉えたか、想像に難くない。辨三も心を掴まれた一人であった。

諭吉に教えを請いたいとの強い思いから上京し、慶應義塾の門を叩く。

諭吉の講義を一言半句、聞き漏らすまいと耳をそばだてる、20歳の辨三がいた。

伝統と格式を重んじる武家の出であったから、辨三には武士の血が脈々と流れていた。しかし同時に辨三は、時代の大きな流れへの関心と洞察力、持って生まれた好奇心や進取の気性、そして行動力も併せ持った、まさに維新時代の申し子でもあったのである。

慶應義塾に在籍して1年半、1873（明治6）年1月、父・清の訃報が飛び込んで来る。兄六郎を亡くして4年、肉親との再度の別れであった。

辨三は志半ばで東京を後にし、長府に戻り、瀧川家の家督を継ぐ。

1年半ばかりの短い慶應義塾での学びであったが、脂の乗った諭吉の謦咳《けいがい》に接し、辨三は大きな刺激を受けた。帰郷は後ろ髪を引かれる思いだっただろう。

辨三が在学中の1872（明治5）年には、かの有名な「天は人の上に人を造らず、人の下に人を造らずといへり」で始まる、『学問のすゝめ』の初編が発表されている。

この中で諭吉は、「人間みな平等」「自らの行動は自らの自由意思で」「一身独立して一国独立す」といった、各自が自らの責任をもって自由を得、独立を成し遂げれば、国家の発展に寄与できるとした考えを披歴している。

先例や、道理建前を至上とする、武家社会で生まれ育った辨三や当時の若者には、実に斬新な思想と映っただろう。

この諭吉の新思想は、辨三の心も熱く滾らせる。

諭吉の教えが、後の辨三に、士族からの、そして官吏から実業家への一大転身の原動力になったことは間違いない。


さて、一旦長府に戻り、家督を継いだ辨三だったが、新しい学問への渇望止みがたく、たった5か月在郷しただけで1873（明治6）年6月再度上京し、新しく東京に設立された官立工部省附属電信学校に入学。最新の学問、通信の道を志す。

電信は郵便とともに新時代の象徴であり花形だったのである。

電文は和文と英文の両方で作成する必要があった。大阪開成所と慶應義塾での英語の勉強が生きてくることになる。

1874（明治7）年7月、この電信学校を1年で修了。電信技官として最初の赴任地、大阪梅田鉄道駅に配属される。

1年ほど大阪駅にあった辨三だったが、その英語力を買われ、新しくできた神戸の三ノ宮駅の電信係に転勤になる。

これが、辨三と神戸の最初の出会いである。

順調に官吏の道を歩み始めた辨三だったが、神戸でのこの3年余の勤務で、人生が大きく変わろうとは、そのとき思ってもいなかったにちがいない。

三ノ宮駅勤務から、1878（明治11）年2月に神奈川県鶴見駅へ転勤となる。辨三は官吏として順調に、その道を歩んでいたのである。

さて、維新は10年ほど経過したが、混乱は収まっていなかった。今少し、その動きを追ってみたい。

新政府は１８６９（明治２）年に大名藩主に対し、領地と民の天皇への返還（版籍奉還）を、次いで一般国民には、身分制士農工商の廃止（四民平等）を宣し、さらには１８７１（明治４）年に、藩の廃止と府県への一元化（廃藩置県）を発出し、旧制度全面否定の一大改革を断行する。

版籍奉還で武士の身分は士族と改称され、その秩禄は藩ではなく政府が支給することになった。

しかしこの士族への秩禄支給で、政府財政は大きく圧迫され、政府は士族身分の解体を模索する。

政府は、秩禄返上者への資金の提供（１８７３（明治６）年）、次いで金禄公債の発行（１８７６（明治９）年）を行い、士族全受給者に対し兌換《だかん》を強制（秩禄処分）する。

こうした矢継ぎ早の政府の経済政策で、生活に窮する下級士族が続出する。

これに追い打ちをかけたのが、同じく１８７６（明治９）年に出された廃刀令である。

刀は武士の魂であり、佩刀《はいとう》は長年月にわたる武士の矜持であっただけに元武士は、物心両面で計り知れない屈辱感を味わうことになる。

追い詰められた士族は怒りを爆発させる。萩の乱、神風連の乱、秋月の乱、佐賀の乱（いずれも1876年10月）等など、反政府暴動が各地で勃発する。

この士族の新政府への憎悪と、もう一方にあった急激な欧化政策に対する不満のはけ口として西郷隆盛らは、豊臣秀吉以来鬱積していた征韓論を利用し、朝鮮侵略を画策する。一方、欧米視察から帰朝した岩倉具視や木戸孝允、大久保利通らは、国内の安寧が先とする内治派をまとめ、征韓論と対峙する。

この両派の攻防が1877（明治10）年に始まる西南戦争であるが、政府への不満分子が西郷側につき1万6千もの軍勢に膨れ上がる。

一方、政府軍の拠点熊本鎮台（熊本城）は守備隊3千500に過ぎず、政府からの援軍を待っての籠城作戦に出る。

政府は第一、第二、第三旅団と矢継ぎ早に大兵力を投入、やがて政府軍優勢の展開になる。

7か月に及ぶ、南九州全域を戦場とするこの壮絶な内乱は、西郷の自刃をもって終結するが、この戦費で明治政府の財政はさらに傷む。

この西南戦争の敗北により、反政府分子は武力による明治政府の転覆はもはや無理と悟り、以後、言論闘争へと移行する。

少し背景の説明が長くなってしまったが、こうした混沌とした時代の中、辨三は三ノ宮駅電信掛から鶴見駅電信掛へ、そして福島電信局へと配属される。

ところが、1879（明治12）年5月に、依願退職してしまう。

時に辨三、27歳であった。

実業家へ

士族身分となった瀧川辨三は、世間体もよく、安定もし、また尊敬もされる官吏の道に進んだが、これをあっさり捨ててしまう。

源頼朝が鎌倉に武家政権を開いてこの方日本は、７００年以上もの長きにわたり、将軍を頂点とする武士最上位社会を築き、堅牢な士農工商という身分社会をつくり上げてきた。

明治の新時代になって一転、士農工商四民は平等と謳われても、長年月にわたり頑強に構築され培われてきたこの社会構造が、はい、そうですかと、あっさり覆るわけがない。新生日本を揺るがす大混乱が起きていたのは見た通りである。

解体された武士階級にとって、新時代の日本では、国や地方の行政職に携わり、官吏や軍人、警察官に任官するこの道が、出世栄達と考えられた。

公への奉仕という一般国民を導く身分でもあるから上位の職と目され、旧武士の誇りもくすぐる職種であった。

辨三にもそんな思いがあって逓信省の電信係に職を得たのかもしれない。

ところが辨三は、この優位な身分とみなされる官吏の職も辞してしまう。官吏を辞め、辨三は一体、どう人生を歩むつもりだったのだろうか。

どうやら三ノ宮駅電信掛として過ごした神戸での3年間が、辨三の生涯を大きく変えてしまったようだ。

辨三の生涯を決定付けるほどの強烈なインパクトは何であったか。

辨三は、

我が国の実業の前途は憂慮に堪えない。
士魂商才をもって外国貿易に当たるべし。

と、神戸での3年間の印象を述べている。

ここに、辨三のこれからが、凝縮されている。

辨三は神戸で何を見て、「我が国の実業の前途は憂慮に堪えない。士魂商才をもって外国貿易に当たるべし」と思うに至り、人生を変えられるほどの衝撃を受けたのだろうか。

開港された神戸の港には、各国の国旗を翻して多くの外国船舶が入出港し、居留地には日本の商家とはおよそ異なる西洋館の商社が立ち並び、大柄な異国の、紅毛碧眼の紳士淑女が堂々と闊歩し、神戸の居留地あたりは、とても日本とは思えない街の佇まいであった。

神戸が開港して3年目の1871（明治4）年4月17日の英字新聞「ザ・ファー・イースト」（THE FAR EAST）に、次のような記事が掲載されている。


神戸の居留地は開港3年にすぎないが、日本のすべての開港場の中で、いちばん活況を呈している。（中略）横浜にはないことだ。神戸は東洋の居留地の中でも、最もよく整備された、素晴らしく美しい町である。

また、神戸在住のある外国人が、神戸賛歌を書いている。

優しいコウべよ　愛しい　愛しい街よ
この街に住まうしあわせ
ヨコハマがくち果て　ナガサキに終わりが来ようとも
居留地コウべポリスよ
汝は日本の誇るメトロポリスたらん

辨三はまず、この居留地の雰囲気に心を奪われる。これまでの日本にはないエキゾチックな空気が神戸を支配している。

一方、この居留地に商取引でやってくる日本人商人の姿も、辨三の目に焼き付く。

神戸外国人居留地（明治末ごろ）

背を丸め、腰をかがめ、もみ手をし、ひたすらペコペコ頭を下げ、卑屈な笑いを浮かべて大柄な紅毛碧眼に媚びる、日本人商人の姿があった。

この強烈な対照を見て、辨三は大きなショックを受け、憤りすら覚えた。

日本の商人は、長年月の鎖国という特異な状況の中でぬくぬくと育ち、商売相手も高圧的な武士階級が主だっただろうから、卑屈に出て商売することに何の抵抗もなく、そうした態度が自然に身についていた。

新たに登場してきた外国人貿易商に、どう対処すればいいのかもわからないまま、身に沁みついたやり方で応対するしかなかった。

また、開港間なしのころの商談は、居留地の外国商社を窓口にして行わざるをえなかったから、商売上両者は対等ではなく、日本人商人は自ずと下手に、卑屈に出ざるを得なかった。

経済知識はなく、世界情勢への認識もなく、いわば、外国商人の言いなり状態で、商取引をせざるを得なかったのである。

もっと毅然と商売ができないものか。武士であった辨三にはきわめて歯がゆく、屈辱的に映ったことだろう。

よし、この神戸で外国と対等に戦ってやろう、日本人武士の真の姿を見せてやろう。若い辨三は逸《はや》り、そう心に誓ったとしてもなんの不思議もない。

ここに神戸とのつながりが生まれ、縁もゆかりもないこの神戸に、辨三が定住した理由がある。

しかしそう心に誓ったとしても、実行に移すには大きな勇気と決断力、実行力、資質、才能がいる。

まず、心の面の問題がある。

新時代になっても商人は、金銭を扱う卑しい者ととらえられ、特に元武士の蔑《さげす》みの対象になっていた。

武士階級の出であったから、辨三にもやはりこの偏見との戦いはあっただろう。

そして辨三は、兄六郎の戦死、父清の死去により瀧川家の嗣子になっていた。嗣子というのは、祖先の祭祀を執り行い、家財産を相続する立場ということである。武家の長男は生を受けてこの方、この嗣子としての教育を施される。本人もそれをわきまえ、周りもその目で見る。長男以外の男子は、分家をたてるか、他家の養子になるかしか道はなかったから、ある程度自由に育てられる。

辨三は二男であり、しかもにわか嗣子であったから、嗣子としての自覚がどの程度あったか、疑問である。

さらに、大阪や東京に遊学し、新しい時代の流れや動きを直接肌で感じていただろうから、辨三が士族や家というものの将来はない、と思ったとしても不思議ではない。

当時の開明的な青年の多くは、時代に突き動かされ、諭吉らの新思想に触発されて、新しい時代や新しい行動にあこがれ、俺たちの手で明日の日本をつくるとの意気に燃え、さまざまな軛《くびき》や桎梏《しっこく》を退けて自由に身を処する者も多かった。いわゆる明治の獅子たちである。

しかし、今ある身分を捨て、別の世界に飛び込んでいくことは、並大抵の勇気や決断でできることではない。

それに、こうした行動に出るための裏付けとなる、資質や才能のあるなしも大きくかかわる。

辨三には飛び出す勇気と、その行動を支える資質があったのか。

あった。


向上心に溢れ、行動力もあったではないか。

若くして長府を離れ、大阪の開成所に学び、進んで英語や最新の科学の勉強をしている。

福沢諭吉や新時代の動きに惹かれ、遠く東京まで行き、積極的に最新の知識やものの考え方を修得しようとしている。

そして父の死後再度上京し、工部省の電信学校に学んでいる。

新しい思想への憧憬や、新技術習得への並々ならない情熱や、生来備わる進取の気性と好奇心がなければ、積極的にこうした行動に出ることはない。

この維新の開花期は表面的にだが、身分の撤廃もあり、下級武士でも、農民の出でも、才覚さえあれば栄達が望める、希望の時代になっていた。

さしたる高い士分の家柄というわけでもなく、引き留めるこれというしがらみや係累もなく、個としては時代への洞察力と進取の気性に富む柔軟な性格であり、辨三はひとまず官途を選んだ、ということではないか。

しかし電信係としての道は、諭吉の立国思想に触れ、また世相を大きく俯瞰して見るとき、果たして自己を満足させ自立させてくれる道だろうか、国のために尽くせる道だろうか。

「一身独立して一国独立す」を熱く説く諭吉の顔と姿が、辨三の脳裏に去来していたに違いない。

そして、三ノ宮駅に勤務していたころの、神戸居留地のあの有り様に思いを馳せるとき、辨三の心はさらに大きく波打ったに違いない。

外国との取引、外国人との交渉、これをこなしていかなければこれからの日本は、ない。新時代の日本は、貿易で立国していかなければならない。外国製品を上回る質のいい商品を製造して輸出し、日本人商人として外国の貿易商と対等に戦う。これを成し遂げずに明日の日本は、ない。これが開国なった日本の歩むべき道だと、辨三は強く思った。

官を辞し長府に帰郷した辨三は、家財や家具、武具にいたる一切を処分し、その代金を懐に、帰郷後たった1か月の、1879(明治12)年6月に、神戸にやって来る。

辨三、28歳の一大決断であった。

辨三は商人になり、この道で生きる腹を決めたのである。

商人になるのであれば、徹底的に商売を学ぶべきだと、商売の最先端の場に飛び込んでいく。

海岸通りに面した居留地東南角にあった、イギリスの貿易商社キニフル商会の扉を叩く。

武士の中でも誇り高い長州武士であり、官吏でもあった人物が、平等の世になったとはいえ、異人の商館に職を得、商売のイロハを彼ら外国人から学び、商人になるというのである。

外国人の商社に就職し、商業や貿易の実務、商取引の実際をまさに最前線で、外国人の真っただ中で学ぶのである。

現代ならいざ知らず、明治のこの初期に、こうした行動に積極的に出ること自体、きわめて異例と言えるのではないか。

ところでそのころ明治政府は、困窮した士族の救済策として、士族授産政策を打ち出していた。

これは、すべての士族に農工商各業種への就業を許し、土地を廉価で払い下げ、北海道への開拓募集をかけ、また産業では養蚕、製紙、絹織物、綿紡績、燐寸（マッチ）製造等などへの事業資金を貸与し、救済する政策であった。

辨三も当然、この政府の施策は知っていただろう。

さて、キニフル商会のような外国商社に就職した日本人は、辨三以前にもいたことだろう。しかしほとんどの者が挫折し、外国商館を去ったと思われる。

辨三もそんな一人だろうと高をくくっていたイギリス人たちであったが、数日一緒に仕事をするうちに、英語もそれなりにあやつり、小柄（150センチほど）ではあったが毅然とした物腰で、大柄な外国人を相手に対等に渡り合い、談笑する辨三の姿に接し、日本人を見下す彼らの態度にも、変化が見られるようになる。

イギリス人たちも、SAMURAIとして誠実に、謙虚に、実直にそして勤勉に勤める辨三の態度に、徐々に好感を抱き始める。

辨三は、120軒余の外国商館が立ち並ぶ居留地で、外国人貿易商の仕事ぶりを身近に見、世界の経済から取り残され、国際社会からも大きく遅れを取っている日本の、欧米におもねり、反動で西洋至上主義に流されていくそんな姿にも接し、苦々しく思ったに違いない。

辨三も、維新の多くの若き獅子たち同様、「新しい日本をつくる」の意気に燃えた青年だったのである。

外国人から蔑みの目で見られながら、外国人商人のご機嫌を取り、軽佻浮薄に接する日本人商人の姿を見るにつけ、辨三は日本人の心に脈々と流れる、特に武士の心である毅然とした態度、誠実、勤勉といった日本人特有の資質を、改めて堅持すべきだと強く思う。

西洋の文物や思想に接し、これを取り入れたとしても、日本人としての心、これを失ってはならない。

心の内に日本人としての誇りを保持しつつ、これに西欧流のものの考え方や、経済感覚や経営戦略という、新しい衣装をまとわせる「士魂商才」の思いが、辨三の中にふつふつと芽生えてきていた。

日本は輸入に頼っていていいのか、輸入品ばかり当てにするようでは、日本は貧しくなる一方だ。製造業を興し外国に対抗していかないと日本の将来は危うい。外国製品と勝負できる良質な日本製商品を製造して輸出し、外国からお金を稼がないと、国内でいくらお金が回っていても国そのものは豊かになるわけではない。輸出して円以外の外貨を稼がないと日本の富は増えない。そんなこと、あんなことを思っていたに違いない。

「個人が独立してはじめて国も独立する」という諭吉の教えが、頭の中でわんわんと鳴っていたことだろう。
しかし当時の日本にはこれという産業は、ない。何でもって世界と勝負すればいいか。すでに一次二次の産業革命を成し遂げ、小規模手工業を脱して機械化に成功し、量産体制に入った欧米に遠く及ばない、哀れな日本の製造業の現状だった。
日本人に向いた製造業は何か、西洋の産品と戦うことができ、輸出で勝負しても負けない商品は何か、日本ばかりか外国でも必要とされる商品は何か、あれこれ思考錯誤を繰り返しながら、辨三がたどり着いたのが、マッチだった。

そうだ、マッチだ。これの製造輸出だ。

国も授産事業として支援している。国策にもかなっている。マッチは軽工業だから手先の器用な日本人に向いている。大掛かりな設備は必要ない。大きな元手もいらない。そしてなによりも日常生活に不可欠な必需品だ。日々大量に消費される消費財だ。安くて良いものを作れば、世界中のみんなに喜ばれる。人手はいくらでもある。今の日本には日常生活に窮する貧しい人たちは山ほどいる。働く場ができればこの人たちの救いにもなる。スウェーデン製に負けないマッチを製造して輸出すれば日本の国力は大きく向上する。

こんなこと、あんなことが、辨三の頭の中で渦巻き、躍ったことだろう。

よし、これだ。マッチだ。

マッチを製造し、輸出し、日本の将来に寄与したい、貧しい人たちに働く場を提供したい、こんな夢を辨三は描いた。

この夢の実現のために、未知の実業の世界に飛び込んで行こうと、辨三は意を決した。

マッチ製造へ

今でこそ火は簡単に得られるが、火の獲得は、人類の存亡にかかわる一大重要課題だった。

太古の昔からかなりの長年月、人類は山火事等の自然火災から火種を得、その保存に腐心していた。火は水や食料とともに、人類生存の必須条件である。

この火を積極的に得ようとして人類が発明したのが、錐火による方法であり、火打石による点火方法だった。

しかしいずれの方法も、簡便とは言い難い。点火が思うに任せないのである。

今でこそマッチを目にする機会も少なくなり、ライターなどに取って替わられているが、つい最近まで火を点ける器具として日常必要不可欠な道具は、マッチだった。

このマッチがどのように発明され製造されて来たか、その歴史を少し知っておく必要があるだろう。海外そして日本のマッチ事情に触れておこう。

世界のマッチ発明製造の嚆矢は、1827年にイギリス人ジョン・ウオーカーの手になるとされる。

これは、塩素酸カリウムと硫化アンチモンを細く短い軸木の先端に塗布し、この箇所を外箱に張り付けたサンドペーパーに擦り付けて発火させる方法だったが、このマッチは火点きが悪く、臭いも強く、火が飛び散るという大きな欠陥があった。

そこでより火付きのよいものをと、1831年にフランス人ソーリアが、黄燐を使ったマッチを考案する。

これは黄燐のほか、ガラス粉と膠《にかわ》を練った薬剤を軸木の先端に塗布し、ここをどこかに擦り付けると火が点くマッチだった。

どこに擦り付けても直ちに火が得られる簡便さはあったが、衝撃や気温の上昇で発火することもあり、きわめて危険だった。

それに黄燐は毒性が強く、製造過程で発生するガスで健康を損なう職工が続出、社会問題化し黄燐使用禁止条約が欧米各国で批准されるまでになる。

その後スウェーデンのルンドストレームが1855年に、軸木の先端に、硫黄と塩酸化カリウムを練り合わせた薬剤を塗布し、この箇所を、赤燐を塗ったところに擦り付けなければ発火しない、安全なマッチを開発し特許を申請。この安全なマッチは評判を呼び、スウェーデンは量産体制に入り、以後世界のマッチ市場に君臨することになる。

日本での取り組みはどうだったか。

1873（明治6）年に岩手県盛岡で、日本最初のマッチが、士族授産施策として製造されている。

1875（明治8）年に、大阪の小野久兵衛、小杉又三郎が昌燧社《しょうすいしゃ》を興す。

1876（明治9）年に清水誠が新燧社《しんすいしゃ》を東京三田で始め、次いで東京本所柳原に移転し、安全マッチの本格的な製造を開始する。

1877（明治10）年に兵庫監獄使役場附属工場でマッチ製造が始まる。この監獄でのマッチ製造は1881（明治14）年まで続く。

1878（明治11）年に、清水誠が少量だが新燧社製マッチを上海に輸出、日本最初のマッチの輸出である。

1879（明治12）年には本多義知が明治社を神戸の湊町に興し、そして1880（明治13）年に、瀧川辧三が清燧社《せいすいしゃ》を設立する。

同年に大阪で井上貞治郎が、そして名古屋でも杉山弥三郎が工場を設立している。


このように、辨三がマッチ事業を興す前後には、比較的簡便に製造でき、日々消費される商品であり、それなりの利益も得られることから、士族授産施策も手伝い、日本の随所でマッチ製造業が起こり乱立状態だった。

しかし、製品は粗悪で多くの改良が必要だった。

神戸のマッチ事業であるが、始まりが監獄ということもあって、貧民を労働力としてただ同然でこき使う製造業者も多かったが、一方で、近代経営を模索する業者も出始める。

後者の一人が本多義知であった。辨三は後にこの本多と、マッチ業界をよりよくすべく、ともに歩んでいくことになる。
以上が、海外・国内のマッチ製造の概観であるが、マッチが本格的に製造されるようになったのは、やっと19世紀も半ば過ぎのことだったのである。

日本に初めてもたらされたマッチはスウェーデン製で、幕末のことだった。火打石しか知らなかった当時の日本人は、あっという間に火が点くこの魔法の道具に驚嘆し、魅了され、便利なこの道具はたちまち全国に広がっていく。「早付木」とか「摺付木」とか呼ばれ、日常生活の必需品になる。だがこのマッチは輸入品であり、高価でもあった。

1869（明治2）年当時の日本のマッチ輸入額は522円に過ぎなかった。それが10年後の1879（明治12）年には3万4504円と大きな伸びを示している。

この10年での輸入額の大きな伸びは、マッチが日本人の生活にいかに浸透し定着し、日常の必需品になりつつあったかを物語るものだろう。相当量の輸入マッチが日本に流れ込んでいたことになる。

辨三がマッチ製造に乗り出すころの日本のマッチ業界はこんな状況だったのである。

辨三に話を戻そう。

辨三はまたも思い切った行動に出る。重宝がられ気に入られていたキニフル（当時はイリス商会と社名を変更していた）商会を、惜しまれながら退社する。

イリス商会は、退社後もさまざまな支援を惜しまないと辨三に約束する。

退職した辨三は、かねて考えていたマッチ業に身を投じる。

１８８０（明治13）年、神戸区兵庫新場（現在の神戸市兵庫区湊町4丁目の新開地付近）に、地元の仲間と資金を出し合い、清燧社を立ち上げ、マッチ製造に乗り出す。

辨三、29歳の挑戦であった。

この、後にマッチ王と称される人物の、第1号の記念すべき工場の佇まいを、長府時代の友人林錬作が『瀧川辨三先生追憶誌』（以下『追憶誌』）に書き残してくれている。

訪れたのは創業4年目だったという林は、

工場は簡素なバラック造りで、広さは３００平方メートルほど、４棟の建物からなっていた。北側の棟では40名ほどの女子工員が作業をし、西側の建物では男子工が６、７人働き、東側の建屋では数名の女子工が箱を作り、できたマッチを箱詰めにし、製品に仕上げていた。南側の建物は事務室と倉庫になっていた。そして辨三は建物を回って監督指導し、妻の吉は柳行李の蓋に長男を寝かせ、長女を背負ってマッチ製造を手伝っていた。なんとものどかな感動を呼ぶ光景で、あたかも工場全体が一つの大家族といった感じだった。

と、素描している。

ほのぼのとした、あたたか味のある町工場の様子が伝わってくる。

この第１号の工場を皮切りに、辨三は次々工場を開設していくが、以後の工場は赤煉瓦の耐火製で、どっしりした建屋になっていく。

建物が立派になっても工場の様子は変わらず、この新場工場のように辨三の工場は、どこも家庭的で、あたたかな雰囲気だったという。

辨三が最初に建てた工場の立地場所新場は、どんなところだっただろうか。当時の新場は、兵庫津の東の、さらに東のはずれで追剥ぎが出るような、人里離れた寂れた場所だった。

しかし後には徐々に開発され、近隣の河川、湊川の付替えもあり、マッチ産業をはじめとするその他諸商工業の隆盛などと相まって徐々に開け、文字通りの新開地として、後には神戸で指折りの盛り場になる。

先に辨三がマッチにたどり着く経緯を書いたが、辨三自身がその理由を明確に、近しい者に述べている。紹介しておこう。

マッチ業は、工業化の遅れたわが国が、手先の器用な日本人の手作業で欧米に対抗できる数少ない産業の一つである。また、マッチ産業は国民生活を便利にするだけでなく、国家の公益事業として海外の信用回復に適した事業である。

ここに正しく、辨三のマッチに託した夢と思い、事業に対する思想や哲学が、凝縮されている。

マッチ製造を辨三が生業としたのは、日本は工業化が遅れているが、マッチ製造は手先の器用な日本人に向いた手工業で、海外の工業製品に対抗でき、さらに、「国民生活の利便」に供し、「国家の公益事業」になると信じたからであった。

マッチ製造の様子
（一般社団法人日本燐寸工業会提供）

事業を起こすことによって辨三が思い描いたのは、人々が豊かになること、日本が富み栄え、先進西欧諸国と比肩できる国になることだった。

何も辨三だけではあるまい。貧しく、世界に大きく遅れを取った明治の日本の、先駆的な起業家で成功した者は、新生なった日本の、海外先進諸国に伍していける国としての発展と、それに伴う国民の生活向上を、まず何よりも願っただろう。欧米に、後進日本を追いつかせること、これを何よりも優先して考えていただろう。

さて、こうして起業した辨三だったが、清燧社創業翌年の7月24日に、林の工場素描の中で名前が出てくる吉を生涯の伴侶とする。長府藩士井上家の二女、吉と祝言を上げるのである。

辨三は仕事面だけでなく、私的な面でも思い切ったことをする。仕事、家庭の両方ともに、背水の陣を敷く。

安定した官吏の途も辞し、多くの士族が失敗している起業家としての、未知の道を歩みだしたばかりであり、成功するかどうかもわからない、ベンチャー企業の立ち上げ早々に、結婚するのである。

吉も吉だ。先行き、海のものとも山のものともつかない辨三との祝言を、よくぞ承知したものだ。

とにかくここから、辨三・吉の二人三脚が始まる。二人連れ立っての45年、人生の一大冒険旅行である。

創業間なしの清燧社は、ほんの零細企業であり、職人も雇う余裕はない。辨三一人では手は回らない。吉は新婚早々、寝食を忘れ、夫とともに汗まみれになって、働いた。結婚翌年の9月に、第一子が誕生する。長女の、とよ（後の養子瀧川儀作夫人）である。続いて翌年、長男英一（後の財団法人瀧川学園常務理事）を得た。林の工場素描の中にあったように、吉は揺りかご代わりの柳行李に英一を寝かせ、長女を背に負っての工場仕事であった。

そして家には、工場の手伝いをさせながら学校へ通わせる、貧しい家庭の子どもたちもいた。吉はこの子どもたちの母親代わりもし、衣類の洗濯から身の回りの世話、食事の面倒もみていた。

辨三はもとより、吉の暮らしぶりも、結婚前とおよそ異なる、想像さえできない生活だった。身を粉にして働く零細企業経営者夫婦の、典型的な姿がそこにあった。

長女、長男に続いて、１８８７（明治20）年には次男雄二、年子で三男の節三、１８９２（明治25）年には二女きよ、その2年後に三女かよ、１８９６（明治29）年には四女さよ、その2年後に四男倹四郎、そしてさらに2年後には、五男の五郎をもうけている。

五男四女の子宝に恵まれた幸せな二人であったが、次々生まれる子どもを抱えての工場仕事であり、日々の生活である。辨三も吉も仕事と私生活の両面で、まさに髪を振り乱しての大奮闘だっただろう。


さて、創業当初は清燧社の業績も好調だった。

前に見たように、マッチの国内需要は旺盛で、需要に供給が追いつかない成長産業だった。

1880（明治13）年のマッチの輸出額を見ても、前年の4倍の36万960円に上り、輸入の方は1060円である。

国内外の需要は大きく伸び、日本製マッチ製造はこの先順調に推移するだろうと、期待を抱かせる展開だった。

士族の出で、実業の経験など全くない辨三が、その事業としてマッチを選び、そしてその製造に乗り出した時期はまさにジャストタイミング。実に見事な先見の明、機を見るに敏だったと言わなければならない。

起業家としての第一の基本資質が、辨三には備わっていたということである。

ところが、日本製より品質のよい高級品のマッチは、依然スウェーデン製だった。品質の面でも生産量の面でもスウェーデンが群を抜いてリードし、世界のマッチ市場に君臨していた。

新参の日本製マッチは、薬剤や軸木の面で大きく劣り、擦《す》ると火の点いた軸頭が飛ぶ、軸木は折れる、湿気に弱い、なかなか点火しないなど、改良すべき点が多々あった。

しかし売れるのをいいことに、小利を狙う粗製乱造業者が乱立し、技術の改良努力をするでもなく、日本製マッチはスウェーデン製マッチに大きく劣ったままだった。

火を点けて燃やしてしまうのだから、少々質が悪かろうが安ければ構わない、そんな思いも一般消費者の気持ちとしてありはしなかったか。

一時ではあったが、高級品のスウェーデン製を押しのけ、安い粗悪な日本製マッチが幅を利かせたのは、そんなところに理由があったかもしれない。

しかし、それも束の間、消費者の目が肥えてくると、品質は悪いが安いからいいから、品質の良し悪しに思いが移り、粗悪な和製マッチは国外ではもとより、国内でも、見向きもされなくなっていく。

急成長した日本のマッチ業界は、技術面だけでなく、販売面や海外との取引面でも経験が不足していて、すべての面で未熟だった。

製造、販売、信頼、商道徳のどれ一つをとっても、世界に大きく水をあけられたままだったのである。

実力を伴わない見せかけのメッキは、アッという間にはげる。試行錯誤を繰り返し、頭を打ち、失敗を重ね、努力し、成長していくしかなかった。

安いが粗悪な日本製マッチは、国内でもたちまちスウェーデン製に取って替わられ、海外貿易商の信頼も失い、たちまちピンチに見舞われる。

信用を裏切ると、信頼を失うのは早い。

こうして当初は隆盛だった日本のマッチ産業だったが、やがて次々倒産や廃業に追い込まれ、存亡の危機に瀕する。

共同経営者も一人去り、二人去り、とうとう辨三一人になってしまう。

辨三にとってこのころはおそらく、後の人生も含めて、最もつらい時期だっただろう。

何事も、順風満帆には行かないものだ。

こうしたマッチ業界を背景に、日本製マッチの品質向上、信頼回復、業界の立て直しへの、辨三の真の戦いが、ここから始まるのである。

「士魂商才」

鎖国による265年もの泰平を謳歌していた日本が、開国という急激な大暴風に襲われ、旧来の幕藩体制という価値観は否定され大きく混乱、何を基軸に、何を基盤に生きればいいのか、人々が新たな指針を求めていたのが、明治の初期であった。

西洋のものはすべて、在来の日本のものより優れているとする、西洋至上主義が台頭する一方、これを強く打ち消し、日本的なものに一層回帰し、極端に固執し、これに価値を置く、二つの相反する強い流れがあった。

しかしやがて、こうした混沌とした思潮の渦中から、新しい日本が指針とすべき方向性がかすかに見えてくる。

「和魂洋才」であり「士魂洋才」である。

「和魂」は、日本古来の固有の精神、我慢強さ、静謐、冷静沈着等を指す表現であり、「士魂」は侍の精神、いわゆる武士道と解釈できる考え方であろう。

「洋才」の方は、新しく日本に入ってきた西洋の文物、技術や学問、知識や文化、思想を指す。

この言葉「和魂洋才」や「士魂洋才」は、日本固有の精神を基底に据え、西洋から学ぶべきはしっかり学び、これを自らの血肉としてまとい、厚みのある人間として成長していくという考えであろう。

この「士魂洋才」という言葉から生まれ、新しく実業関係の分野で使われ始めていたのが「士魂商才」であり、新しい日本の商人道として定着していく。

思想や理念としての「士魂洋才」や「士魂商才」は少しずつ固まっていくが、実践面への浸透はなかなか進まない。

スタートダッシュこそ素晴らしかった日本のマッチ業界も、また瀧川辨三の清燧社も、この新旧入り混じる急激な嵐の中でもがき、呑み込まれ、たちまち危機に瀕してしまう。

しかしこの混濁の中から、辨三は敢然と立ち上がる。

ここからが辨三の真骨頂である。孤軍奮闘、日本のマッチ産業の立て直し、刷新に邁進する。

それは、日本のマッチ産業、さらにはものづくり日本の命運をかける戦いであった。辨三の、「負けてたまるか」精神が横溢する、正念場となる。

辨三は、マッチ製造の研究を一からやり直す。かつて大阪の開成所で最先端の理化学を学んだが、そこでの学びが役に立つ。

マッチの生命線は、細く短い軸木と、その先端に塗布する頭薬、そしてその頭薬を擦り付けて発火させる側薬（横薬）の良し悪しで決まる。軸木には適度に乾燥し、折れにくく、硬く、簡単に燃え尽きない素材が求められる。スウェーデン製のマッチが優れていたのは、その寒冷地産の硬い軸木を使っていたからである。

頭薬に使う薬品は、塩素酸カリウム、硫黄、膠、ガラス粉、松脂、珪藻土などの混合薬剤であり、側薬の原料は、赤燐、硫化アンチモン、塩化ビニルエマルジョンなどである。

辨三は、こうした化学薬品をどう組み合わせどう調合すれば点火がよくなるか、炎は一定か、安定して火が得られるかなど、試行錯誤を繰り返しながら、夜を日に継いで研究する。
辨三が求めていたのは、安全で火点きの良い、つまり、スウェーデン製と対等に戦える、否、それを凌駕する高品質の、かつ安価なマッチであった。

マッチの製品改良に取り組む一方、辨三は工場で働く者たちの待遇その他についても、斬新な考えを取り入れていく。

明治に始まる日本の近代産業は発展の緒に就いたばかりで、企業倫理などおよそなかった。

職人の待遇など考えるべくもなく、代わりは掃いて捨てるほどいるのだから、薄給でこき使えばいい、という考え方が主流だった。

殊に神戸のマッチ産業は、囚人を使役していたことからこの傾向が強かった。

マッチ製造業は技術を要する特殊作業でもなく、単純な手作業が主であったから、安い賃金で働いてくれる、子どもや片手間で働ける乳飲み子を抱えた女性で十分だったのである。

辨三の清燧社で働く者たちも、社会の底辺の貧しい者たちだったが、辨三の発想の根底にあったのは、彼らを助ける、彼らの生活をいくばくかでも向上させるであったから、働く者に対する接し方が違っていた。

清燧社で働く工員の賃金は、業界の水準の上を行く。工場は、彼ら工員が居住する貧しい地域に建てられる。

そして工場に来なくても済むような、マッチ箱の組み立てやラベル張りといった簡便な手作業は、下請けの形で家庭に内職として出し、わざわざ工場に来させることもない。

この家庭内作業の発想は、当時の日本でも斬新で、貧しい家庭の懐を潤す一方、輸出入貿易の中継港としての神戸港だけでなく、神戸の街自体に、大きな繁栄をもたらすことになる。

また辨三は、勤務や厚生面でも斬新な取り組みをする。

出退社時間や就労時間の自由、賃金の一部天引き貯金、勤続10年以上の者への生命保険制度、勤続年数に応じた昇給制度といった施策である。

就労上の負傷者や病人には医療費を支給し、死亡した場合にはお悔やみ料を包み、保険金を支給している。

工場内の清掃や衛生にも意を用い、今でいう産業医まで雇い、各工場を巡回させ健康への気配りも怠らない。

また後には、須磨の別邸に工員家族を招き、園遊会や海水浴に興じさせている。

労働者の勉強や教育等およそ考えないこの時代に、清燧社では読み書きそろばんを教え、勤務後は、夜間学校での勉強や裁縫教室での習い事を奨励している。

経営者、辨三が根底に置いていたのは、ともに働く者は家族の一員であり、大切にするという考えであった。

業容が拡大し、規模が大きくなり、工場の数が増えても、この考えが変わることはなかった。

いい働き手がいて初めて会社や工場は成り立ち、働き手が満足して初めていい製品を造ることができる。ともに働く者は家族同然という考え方であった。

こうした思想があったからこそ辨三は、他社の製品と異なる高品質のマッチを大量に生産し続け、世に満足を与え、後にマッチ王とまで称され、讃えられるまでになったのであろう。

辨三は常に、

職工の待遇に遺漏があってはならない。熟練し、練達の職人を得ることや育てることは、会社の永遠の利益である。

と言っていた。

また、経営方針として職工たちに次のように話していたという。

雇い主である私と諸君たち働く者の間に差別があってはならない。規則で縛ったり、みだりに解雇したりするようなことをしてはならない。働きたい者は雇う、辞めたい者は引き留めない。遅刻も責めない。早退も咎めない。それらは諸君の意に任せる。ただ、工場は諸君の自宅よりきれいにし、集会場と思えるような環境にする。

こうした日本には珍しかった、新しい近代経営感覚が、どこから生まれてきたかを考えるとき、短期間ではあったが、あのイギリスの商社で学び覚え、退職後も彼ら先進国の経営者たちと接触し、彼らから学び教えられたとしか思えない。

そしてこれに独自の考えやアレンジを加え、辨三流の柔軟な経営哲学、工場運営手法が生まれたのではないか。

辨三の商取引の姿勢であるが、ここにも辨三の人となりがみてとれる。

まず、取引相手が正直で誠実で、努力を惜しまない、信用できる人物であるかを、しっかり見極める。

取引にあたっては相手の利益を優先し、商品の品質を吟味し、価格も正当なものにし、決して自らの利益のみを追うことはしない。

これが実業家としての辨三のやり方であり考え方であった。

辨三はあくまでも誠実一筋に、実直に、信用と信頼を商行為の根底に置く。

銀行も、指定取引銀行は渋沢栄一の第一国立銀行に限っていた。

渋沢栄一とは肝胆相照らすところがあり、相互に信頼し、尊敬していたようである。活躍の場はそれぞれ中央と地方で異なっていたが、両者は親交を重ね、その関係は続いた。

辨三と栄一は実業家と銀行家という間柄での知遇だったが、会って話をするうちに辨三は、11歳年長の栄一に、全幅の信頼を寄せるようになる。

また栄一は栄一で、「士魂」をしっかり備えた辨三の誠実さと心の広さに一目置き、相互に信頼を深めていった。

渋沢栄一（国立国会図書館提供）

ここで辨三逝去後の話を持ち出して恐縮だが、1927（昭和2）年5月12日に、瀧川辨三彰功碑が生誕の地、山口県長府（現下関市）の笑山寺に建てられる。

この碑建立の発案及び碑文は同郷の友人、桂弥一であるが、こ

山口県下関市の笑山寺（長府観光協会提供）

の碑の篆額《てんがく》「瀧川辨三君彰功碑」には、正三位勲一等子爵渋沢栄一題額とあり、その末尾は、大正15（1926）年8月友人桂弥一撰高田忠周書とし、次のような四言詩で結ばれている。

すなわち、

一誠終始　百事功成　奉公博愛　祇是至情
不求不欲　自有榮名　餘光千載　月高風清

まさにこの漢詩の中に辨三の人となりが凝縮されているが、こうした友人桂の辨三への痛切な思いとともに、桂によると、篆額を快く引き受けてくれたという晩年の渋沢栄一翁の、瀧川辨三に対する惜別の情と、新生日本の企業家同士の深い心のつながりがそこに見て取れる。

笑山寺に建てられた彰功碑

ついつい話を辨三の没後にまで持って来てしまった。若き時代の辨三に、時を巻き戻さなければならない。

さて、回復しつつあった日本のマッチ産業であったが、相変わらずごまかしと、目先の利益のみを追う事業家も後を絶たず、日本のマッチ業界全体の失地回復はなかなか進まず、清燧社創業3年後のマッチ業界全体の輸出額も、創業前の8分の1にまで落ち込む。ほとんど輸出なしという、惨憺たる有様になる。

辨三のマッチをめぐる奮闘、格闘、特に国の繁栄の根底をなす、輸出マッチの信用回復へ向けての格闘は、まだまだ続くのである。

マッチ業界再建

日本には古来、優れた商道徳があった。

近江商人の間で培われてきた、実践的商い論、「三方よし」である。商売はいわゆる「三方」、つまり「売り手」「買い手」「世間」の三者がともに満足するやり方で、という考えである。

商人や製造業者（売り手）と消費者（買い手）、そして世の中、地域、さらには国（世間）の三つが潤う商売をしなければいけないという、大きな考え方である。

商売は商人個人のものではない。公と共にあるものであり、公益に資さなければならない。商いは人々の幸せのため、地域の発展、国の繁栄のためにするものでなければならない、という思想である。

また、日本の古い商道徳を語るにあたって外せない人物に、石田梅岩《ばいがん》がいる。

石田の思想は石門心学といわれるが、その要諦は「二重の利を取り、甘き毒を喰らひ、自死するようなこと多かるべし」「実の商人は、先も立、我も立つことを思うなり」に凝縮される。

つまり、自分の利益ばかりを追っていては、商売人としては死んでいるも同然。立派な商人は相手の儲けや利益も思い、同時に自分の懐具合も考慮に入れる、という意味であろう。

営利を否定しているわけではない。商人は自利のみを考えず、利他も思い、社会への利益還元もするべきだと説く思想であろう。

このように商業を、個人的な儲けや営利の面からだけ見ずに、もっと大きく社会的な営みととらえたとき、物と心とで対立していた日本の商人道と武士道が、相互の持つ尊敬すべき長所を融合させ、「士魂商才」という一つの新しい思想を生みだしたのであろう。

この考えが明治の新時代に再び生まれてきたのは、象徴的と言わなければならない。

またこの思想が、日本の商工業の進むべき道を示し、後年の日本の実業界の発展を促し、やがては日本を世界の先進国と肩を並べる工業国に育てあげたといえる。その根底を成す哲理が、武士道と商人道の融合によりこの時代に生まれたことは意義深い。

辨三はこの「士魂商才」に基づいてマッチ業を志しているが、その営みは日本の新しい商業、実業の在り方を示す一つの具体例と言える。

この「士魂商才」が生まれかけていたところに、儲けに主を置く西洋流商業主義が急激に流れ込んでいたから、日本の実業界は大きく揺らぎ混乱していた。それに輪をかけたのが、困窮した旧武士階級からのにわか転向組であった。

こうした混沌とした商道徳の中で、日本の実業界は大きく揺らいでいたのである。商売の本道である、良い商品を提供して買い手に満足感を与えるよりも、儲かればよしの考えが先行する者がマッチ業界にも多かった。

しかしそれもやがて落ち着きを見せ、淘汰されていく。

辨三のマッチ製造に対する真摯な取り組みを見て、またその斬新な経営方針を知り、少しずつではあったが、神戸のマッチ業界にも改善の兆しが見え始める。

当初、輸出を念頭に置いていた辨三だったが、経営の方針転換を図る。一方向にのみ固執せず、柔軟に方向転換できるところが辨三の強みであるが、ここでもこの精神がいかんなく発揮される。

輸出はひとまず置き、輸入マッチに蹂躙《じゅうりん》されている国内市場の失地回復が先と、国内市場の奪回に乗り出す。

前にも紹介したが、良質なマッチの大切な条件の一つに、軸木がある。すぐ燃え尽きてしまう軸木ではまずい。点火のときにすぐ折れてしまうようでは危険である。軸木用の材質は適度に硬く、乾燥していなければならない。

スウェーデン製のマッチはまず、軸木が硬くしっかりしていた。寒冷な地元産の乾燥した木材を使用していたからである。

一方、日本製マッチには、燃えてしまうのだから、燃やしてしまうのだから、軸木に良質な材料などもったいない、そんな考えもありはしなかったか。

マッチ産業の再活性化に伴い、良質な軸木の原材料も不足気味となり、不良品も出回り、軸木業者も足元を見て吹っ掛け、軸木が高騰していた。

そんな中、安価で良質な軸木を探し求めていた辨三が目をとめたのが、蝦夷地の木材であった。

なぜ、北海道なのか。

なぜ神戸の企業が遠い北海道にわざわざマッチの軸木を求めるのか。

いくらいい原木があるからといって、今とは違いさまざまな面で不便で、運送費もかさみ、運搬には日数を要する北海道に材料を求めるのは、きわめて非効率、非現実、ありえない選択ではないのか。

近隣の兵庫県北部や上信越方面にも良質な木材はありそうに思うのだが、辨三は遠く北海道に求める。

なぜか。

まず素材、白楊樹（ポプラ）がいいことは間違いないが、ここにも事業家辨三一流の、強い信念があるように筆者には思える。

その理由を探る前に、辨三の工場開設の理念に踏み込んでみたい。その方が、北海道にマッチの軸木を求める辨三の考えが理解しやすくなると思うからである。

自分の側の都合、つまり土地は安く手に入るか、建築費は安いか、そこに建てると便利か、利便性は何か、どんな利益が得られるか、収益は上がるかといった、近代経営の物差しを当てはめると、辨三という人物は理解できない。

辨三の工場立地論は、工場を必要とする地域がある。だからそこに建てる、である。実にシンプルだ。

近代的な経営学理論は、そこにない。

むしろ社会学的な、社会福祉学的な思考に立脚した理論である。利潤追求の近代企業理論ではなく、貧民救済事業、生活困窮者の生活支援事業の感さえ受ける。

恵まれた者が恵まれざる者の、持てる者が持たざる者の面倒を見るという、社会の成り立ちの根底に据えるべき、単純明快な思考に依拠している。

新場の第1号の工場を皮切りに、辨三は十指に余る工場を開設するが、そのすべての工場がこの思考に立って設けられている。

生活苦にあえぐ人たちが居住する地域、働きたくても働く場のない地域に、辨三は工場を建てる。

辨三の方から積極的に貧しい者たちに働く場を提供しに行くのである。

立ち行かなくなったマッチ工場の、再建や支援を請われることも再三あったが、この場合も、債務は肩代わりし清燧社の傘下に収めても、経営はそのままその経営者に引き継がせ、工場を取り潰すことはしない。取り潰してしまっては、そこで働く者から職を奪うことになる、こう考えるのであろう。

例えば、神戸市葺合区雲井通2丁目、土井喜代松の工場、水木通1丁目、百崎俊雄の工場、大開通2丁目、沢田清兵衛の工場買収などがそうである。

辨三流のこの経営方針は、遠く大阪の泉州あたりの工場にまで及ぶ。

大阪市北区本庄横道町の工場、大阪府河内中河内長原の工場、大阪府泉南郡佐野村の工場などがそうであるが、経営を支援しはするが、経営者にそのまま工場を委ねて経営を継続させ、工場は取りつぶさない。

経営効率論に立脚すれば、いくつかの小さな工場を統合して一つの大きな工場にした方が、経営上の理にかなっているのかもしれない。

しかし辨三はそれもしない。

一つ一つの工場に依拠して生活している者がいる。この者たちの立場に立ってやらなければならない。辨三はそう考えるのであろう。

辨三自身が建てる工場も、葺合加納町、兵庫中町通2丁目、下沢通6丁目といった神戸にもあるが、何も好んで建てなくてもいいと思われる当時の淡路島の三か所に、工場を建てている。

津名郡志筑町の、津名郡生穂村の、津名郡江井村の、諸工場である。

ここに辨三流の工場立地思想と信念がはっきり表れている。

ふたたび辨三が亡くなったときの話を持ち出して恐縮だが、辨三の葬儀に当たり江井町長近藤雄太郎はその霊前で、江井村が町に昇格できたのも翁のおかげだと、感謝の言葉を述べ、哀悼の誠を捧げている。

工場の立地をもってその地域を潤し、豊かにする、江井町長の弔辞は、まさにこの辨三の思想が具現化された好例であろう。

筆者には、この工場立地の企業家理念が、北海道にも当てはまり、この遠方の地にマッチの軸木を求めさせたと思えてならないのである。

明治政府は、ロシアの南下政策を牽制阻止し、同時に北海道の開拓を目的として、1869（明治2）年に北海道開拓使を設置した。辨三はささやかながら、国のこの方針に応えようとしたのではないか、という思いがするのである。

未開発の北海道の、貧しい開拓入植者に働く場を少しでも提供できれば、北海道の林業開発促進にいくばくかでも寄与できればとの思いが辨三に、マッチの軸木の原材料を北海道に求めさせたのではないか。

後に辨三の北海道訪問を案内する熊谷や、製材業者山縣といった信用のおける人物を介して、広大な山林や原野を次々購入し、入植者に工場の運営をまかせ、少しでも北海道を、またその開拓に携わる人たちを豊かにしたい、そんな思いがあったのではないか。

辨三は、網走大曲の、マッチ用軸木工場を皮切りに、広大な山林を5か所購入し、製材工場を建て、林業の開発と雇用の促進に乗り出している。

この北海道での新規事業開拓のため、辨三は自ら北海道に足を運んだのだろうか。

この疑問には、植野繁太郎が答えてくれる。植野は『追憶誌』の中で、明治28（1895）年ごろに辨三が、「マッチの軸木が払底になったので、近親な人を北海道に遣わし、軸木の製造を始めた」と書いている。この「近親な人」とは誰か。のちに北海道工場巡りの案内をする人物だとするならば、熊谷のことだろう。

熊谷俊郎は、1910（明治43）年7月に、辨三の北海道網走の工場視察の案内をしている。

この熊谷俊郎の案内で60歳の辨三は、経営する北海道北見国に所在する、五か所のマッチ軸木工場を視察する。

今少し、この熊谷案内人による辨三の北海道工場視察旅行を追ってみよう。

現今の北海道旅行ではない。20世紀の初頭であり、しかも開けた市街地ではなく、材木伐採現場であり、製材工場のあるような深い山奥である。どんな旅になるか十分想像できるであろう。

当時、北海道の奥地まで行ける鉄道は名寄までだった。名寄から先は、馬に頼るしか手はない。

辨三と辨三の供の二人は、北見山地の鬱蒼たる森の中、道なき道を、銃を携えて案内する熊谷らに従って進む。

興部、オムサロ、紋別、湧別を経て網走大曲に至り、最初の製材工場に到着する。行程200キロをゆうに超す一大旅行であった。

その後工場のあった、古梅、濤沸、釧路、陸別とめぐり、帰路は頼み込んで木材運搬列車に乗車させてもらい、煤《すす》で真っ黒になりながら帰るという一大冒険旅行であった。

この旅は困難を極め、宿も食事も林業従事者用であるから粗末極まりないが、辨三は嬉々とし、元気溌剌だったという。熊谷がさらに感嘆しているのは、自分の疲労はさておき、宿に着くとまず馬に水と飼葉を与え、膝をついていたわるその姿であった。

これが齢60の、辨三の北海道製材工場視察旅行である。

さて、もう一人北海道関係で辨三と関わりのあった人物に触れておこう。山縣勇三郎である。

山縣は肥前平戸藩出身の希代の風雲児で、1881（明治14）年に北海道根室に渡り、内地からの移住者相手の古着古道具商を皮切りに、海産物を商い、ニシン漁で大儲けする。

この資金を元手に海運業、牧場経営に乗り出し、鉱山業にも進出。網走でマッチ軸木工場も経営する。この明治期の風雲児の活躍は、遠くブラジルにまで及ぶが、これ以上の言及はここでは必要ない。

辨三とこの人物との間に、人としての深いつながりがあった。

先に名前の出た林が、1906(明治39)年の秋、函館からの帰途、仙台から乗り合わせたある人物と親しくなり、旅の無聊《ぶりょう》を慰めるべく、よもやま話をしている。

「私は北海道の北見に住まいしていますが、神戸まで瀧川君に用談があって行くところです」

「神戸の瀧川とは瀧川辨三君ではありませんか」

「左様です。君は瀧川君をご存知ですか」

「はい、彼は私の旧友であります。マッチ屋を始めてこの節は余ほど成功した様子です」

「そうですとも、それについてご相談に参るのです。実は私、北見に山林を所有し、マッチの軸木を生産していますが、何分思うようにいきません。瀧川に引き受けてもらいたいと思って、そのお願いに参るのです」
「それは大変なことですが、瀧川に引き受ける力がありますかしら。同業者の有力な方が、東京にもおられるでしょう」
「否否、瀧川君に限ります。実に大丈夫な方です。このお方なら間違いありません」

少し長くなったが、林は、名は失念したと言っているが、話し相手がこの山縣であったことは疑いないだろう。

経営するマッチ製軸事業の肩代わりを辨三に依頼するため、北海道からわざわざ来神した山縣のこの申し出を受け入れ、辨三は同社を１９０８（明治41）年に日本燐寸軸木株式会社とし、取締役社長に就任しているからである。

少し脱線してしまった。話を、日本のマッチ産業の再興に取り組み、奮励努力する辨三に戻そう。

軸木はこうして良質なものが手に入ることになった。

次に、マッチ製造に重要なもう一つの材料、化学製品、薬剤の調達であるが、ほとんどの業者は当時、大阪の岩井という貿易商を仲介にし、海外から取り寄せていた。ところが辨三はここでも違った手法を採る。他の製造業者が貿易商社の仲介を経ているのに対し、植野によると辨三は、イギリス人ウイリアム・ダフという人物を通じて直接に輸入している。これも斬新なやり方だ。

今日では並行輸入や直接輸入は別に目新しい貿易の手法ではないが、明治のこのころ、仲介業者を仲立ちとせず、直接海外と取引するという考え自体、余人の思いつかない、またしようと思ってもなかなかできない貿易のやり方であり、ここにも辨三の才覚が見てとれる。

仲介業者への中間マージンや手数料のかからないこの原料の直接調達が、瀧川燐寸にどれほどの利益をもたらしたか計り知れない。

おそらくダフは、イリス商会を通じての紹介であろう。そのお墨付きがあったとはいえ、ダフは相手が信用できる人物でないと取引しない手硬い貿易商であったと、植野は書いている。

弁三がよほど見込まれていなければ、東洋の開国なったばかりの、信頼していいかどうかもわからない、一個人の日本人との直接取引など、リスクがありすぎてしないのが普通であろう。

弁三はイリス商会の紹介になる人物であり、同社の信頼が厚い人物ということで、ダフの信用も得たということだろうか。

信頼と信用がすべての物事をいかにスムーズに成功へ導くかという、一つの優れた事例である。

このダフとの実務上のやり取りに当たって、弁三を直接手助けした人物たちがいる。英語のできる弁三ではあったが、こと実務上の英語となると勝手も違い、専門的になり利害も絡む。いわゆる商業英語に堪能な者でないと手に負えない。

弁三が相談を持ち掛けたのは、当時住友銀行に勤務し後に監査役に就任する、植野であった。

植野の紹介で、弁三は高等商業の学生で英語の達者な者を書生として住まわせ、学費や生活費の面倒を見る代わりに、英文による商業実務文の作成に携わらせている。

その一人に日向利兵衛がいる。

日向は後に、その達者な英語を駆使して、香港、東南アジアを舞台に貿易商として活躍し、特に紫檀や黒檀製の高級家具や、マッチ製造に欠かせないリンの日本への輸出仲介で財をなし、貿易関係のフィクサー的存在として東南アジアを舞台に活躍する。

また同じく瀧川家の書生になり辨三の英語の手伝いをした人物に、片桐五郎や中村文夫がいる。

前者は神戸の高商を出て貿易会社兼松商店に入り、中村も神戸の高商を経て住友総本店から日本板硝子に転じて後に社長になるなど、後年、日本の実業界で活躍する人物たちである。


さて辨三は、所期の目的であり夢であったマッチの輸出に乗り出す。

当時神戸には、欧米人以外にインド人や、特に多くの中国人華僑が進出し、活躍し始めていた。

華僑は1880（明治13）年ごろから増え始め、多くは居留地近くの中華街を拠点にさまざまな活躍をしていたが、居留地やその近辺に商館を構えて貿易に乗り出す者も出始めていた。

神戸の華僑商人の力は大きくなっていた。

特に海外へ進出しようとする日本人業者で、彼ら華僑貿易商の知恵と伝手、力に頼る者も多かった。

国内のマッチ市場は輸入マッチに代わって日本製が幅を利かすようになっていた。そこで辨三は所期の目的、輸出に本格的に取り組む決意を固める。

1885（明治18）年に、まず手初めに上海へ少量の輸出を試みる。

これが好評だったので、国内から国外に転じようと意を決し、信頼できる相棒の華僑貿易商を探し始める。

誰と手を組めばいいか、信用できる華僑は誰か、多くの華僑の中から辨三が白羽の矢をたてたのは、後に良燧社《りょうすいしゃ》を共同経営する麦少彭《バクショウホウ》であり、呉錦堂《ゴキンドウ》であった。特に後者は後に日本国籍を取得し、瀧川家と家族ぐるみの付き合いをするほどになる。

辨三は神戸華僑の代表を務めるこの呉錦堂を通じて、上海への輸出に乗り出す。

家族ぐるみの付き合いだった呉錦堂（２列目左）と辨三（その右隣）。
２列目右端は、娘婿の儀作（神戸華僑歴史博物館蔵）

待望の本格的なマッチの輸出開始であった。

瀧川のマッチは大好評を得、上海に続き、香港、シンガポール、南洋諸島に及び、琉球、台湾、韓国、中国大陸、オーストラリア、インド、さらにはアメリカ大陸にまで販路を拡大し、輸出は大成功であった。

こうしてマッチ製造業者として身を立てたときからの辨三のもう一つの願望、輸出を通じて国家のために尽くすという悲願が、実現することになる。

辨三は中国人である彼らを信じ、彼ら華僑もまた瀧川辨三なる人物を信用した。

瀧川燐寸の製品の良さもあったが、この人対人の相互信頼が、この輸出大成功の根底にあった。

辨三は、自らも大きな財産を手にし、自信も得たが、同時に神戸を活性化し、莫大な外貨を獲得するまでになり、開国間なしの日本に、そして国民に、活力を、そして自信と勇気をもたらした。

やればできる。

日本にも国民にも、一つの大きな光明がもたらされた。この功績には計り知れないものがある。


1878（明治11）年当時のマッチの主な輸出港は神戸と横浜であった。

そのうちの神戸港からの輸出は、全輸出量の3割弱であったのが、1885（明治18）年以降マッチの輸出が本格化すると、神戸港からの年間輸出量は、日本製マッチ総輸出の9割を占めるまでになる。

神戸港がいかにマッチの輸出で栄え賑わったか、容易に想像できるであろう。

しかも、単なる輸出品の一中継港として、神戸の港だけが賑わったわけではない。

マッチは主に現地神戸で製造される地場産業であり、その製造過程で、そしてその流通過程でどれほど多くの人の手を経て、その道すがらどれほど多くの人の懐を潤したか計り知れない。ただ単に、マッチの輸出で神戸港が大繁盛したというだけの話ではないのである。

ミナト神戸の街およびその周辺が大きな恩恵を受け、そこで生活を営む人たちをいかに豊かにしたか、計り知れないものがある。

辨三の、実業界に転じた最初からの夢は、儲けてその利益で貧しい人たちを、そして地域を、さらには国を、豊かにすることであった。

まさしくここに、この夢は実現を見た。

瀧川のマッチによる人々への救いの手、神戸の繁栄への寄与貢献、そして新興開国日本への支援は、きわめて大きかったと言わなければならない。

こうした成功の根底にあったのが、瀧川燐寸の品質の良さであり、辨三その人の人となりであった。

信義を第一に置く、辨三の武士の心以外の何物でもなかった。単なる理論にとどまらない「士魂商才」の文字通りの実践例が、ここにある。

話が先へ先へと飛びすぎてしまう。これより少し前、マッチ業界の健全化を目指す辨三に話を戻そう。


品質を第一に、マッチ製造に真摯に取り組む辨三の姿勢を見て、また新しい経営で近代的な商業の在り方を模索し実行していくその姿を目にして、本多義知や直木政之介をはじめ、心ある神戸のマッチ製造業者が辨三の周囲に集まり始める。

辨三は彼らと計り、業界の浄化に立ち上がる。

同業者が手を組み、ともに発展していく考え方は日本になかったが、新しい観点に立って業界全体を見る組織の必要性が求められ、兵庫県でもマッチ製造組合が設立される。

辨三はその検査役に推されて就任し、のちに委員に就く。

１８８９（明治22）年にはさらに地域を広げ、大阪兵庫マッチ製造組合連合会が設立されると、辨三は副事務長に推され、のちに同連合会の副会長、議長として活躍する。さらには会頭に推戴され、神戸および大阪のマッチ業界全体の発展に大きく寄与する。日本全体のマッチ同業組合が設立されると、その組合長にも推される。いわゆる業界への寄与貢献である。

さらにはマッチ業界ばかりでなく、神戸のあらゆる経済産業界の発展を支える機関として、神戸商業会議所が開設されるが、辨三はこの会議所の会員に推挙され、のちに理事に、そして１９１１（明治44）年には会頭に就任する。

こうした斯界の動きに呼応して、マッチ業界の浄化も急速に進み、業界あげて優れた製品の製造に向けての機運が起こり、品評会も毎年開催されるようになる。

瀧川燐寸は常に一等などの好成績を収め、この成績が励みになってさらに良いものをとの考えも生まれ、マッチ業界は完全に好循環し始める。

どん底にまでたたき落とされた日本のマッチ業だったが完全に息を吹き返し、スウェーデンのマッチを凌駕するまでになり、世界で大好評を得るまでになる。

瀧川燐寸は世界の品評会にも出品し、いくつも賞を得る。アメリカのセントルイス万国博覧会では、名誉大賞を受賞する。オランダの大博覧会でも、そして日韓商品博覧会でもその優秀性は認められ、金杯受賞の栄に浴する。かくして日本のマッチ産業は、世界の一流ブランドのお墨付きを得るまでに成長する。見本と実物が大きく違う商品を売りつけ、相手をだます業者や、10本に1本くらいしか点火しない粗悪なマッチを製造販売する業者も完全に駆逐され、自浄されていく。

業界はマッチそのものの改良もさることながら、その付随物であるマッチ箱の意匠や、ラベルにも意を用いだす。

よりきれいな鮮明なラベルを得ようと、インクや印刷の技術にも改良が進み、より鮮やかな色彩のラベルも生まれ、印刷業界、インク業界も潤っていく。

見て楽しい、あるいは心和むラベルが競争するように生まれる。

ラベルのコレクターも誕生する。

辨三は、「マッチはラベルのデザインで売る」の新しいコンセプトのもと、特に輸出用には意匠を凝らした。

たとえば、中国向けには、子どもを大切にたくましく育てる儒教の教えに則り、幼児をモチーフにした花藍童子印や、鹿を射るたくましい子どもを主人公にした射鹿印などのラベルを考案した。

西欧向けには、動物愛護を標ぼうする世情をくみ、寝獅子印など、動物をモチーフにしたデザインを多用する。

国内向けには、当時一番人気の笋印があり、馬蹄印のマッチラベルには「BEST SAFETY MATCH」と英語が入り、きわめて斬新、印象的だった。

燕印も人気があった。また桃印は瀧川燐

デザインを凝らしたマッチのラベル（一般社団法人日本燐寸工業会提供）

寸の代表意匠票となる。

さらには、マッチを擦ったときの音や炎にまで工夫が凝らされる。

中国や東南アジア向けには、擦ると普通のマッチより大きな音がし、炎も大きい商品を考え出す。

西欧向けには逆に音は小さく、炎も抑え気味のマッチが輸出される。

マッチそのものの製品の良し悪しだけでなく、こうした付随の装飾や応用にまで向かう余裕も生まれ、業界はますます発展していく。

こうした遊び心が、さらに日本製マッチの人気をあおる。

辨三は創意工夫でも才能を発揮し、スウェーデン製にない、新製品をつくりあげたことになる。


瀧川燐寸の人気を示す一つのエピソードを紹介しておこう。

瀧川燐寸偽ブランド事件である。

事はフランス領インドシナのサイゴンで起こった。

サイゴンでマッチ製造業を営むフランス人が、瀧川燐寸の意匠桃印を使い、瀧川燐寸と偽って大量に販売した事件である。

マッチの先進国フランスの業者がマッチ後発国の商標を盗用し、製品をごまかして販売した事件で、日本とフランスの外交問題にまで発展し、世界の注目を集めた。

品質面で瀧川燐寸に大きく劣っていたから発覚したわけだが、信用を第一にする辨三にしてみれば、心の痛む出来事であった。

しかしこの不幸が幸いし、瀧川燐寸の質の高さがさらに示されることになり、瀧川ブランドは一層評判を高めることになる。

信用を第一とする辨三には嫌な事件だっただろうが、裏を返せば、瀧川燐寸は国際舞台で偽物が出回るほどになっていた、という証拠になる事件であったとも言える。

国内外を問わず、瀧川燐寸は全幅の信頼を得て、特に海外からは料金先払いでの注文も入り、競って瀧川製品の確保に走る取引業者も現れる。

日本のマッチ輸出量は順調に伸び、国内マッチの総生産量の半分以上が輸出に充てられるようになる。

1891（明治24）年当時の日本の輸出品目を見ると、生糸、織物、茶、綿花、海産物、石炭、銅に次ぐ第8位にマッチが挙がっている。マッチ以外はいずれも開国以前からの日本の代表的な海外輸出商品であり、マッチはほんの新参者に過ぎない。

製造から20年足らずで、マッチは日本の輸出産品の第8位にランクされるまでになり、日本を代表する輸出品になった。

辨三が日本の発展は輸出にあると判断し、その輸出品としてマッチを選び、品質向上に邁進し、世界が認めた見事な輸出産品に仕上げた、その先見の明と努力には、感動すら覚える。

そして開国間のない日本に、世界に伍していけるという大きな自信ももたらした、その功績には計り知れないものがある。

こうして辨三の努力は報われ、日本製マッチは世界一の地位を獲得するまでに成長した。

辨三は新生日本の、物つくりの伝統を創始した一人でもあったのである。

事業を興し、大きな利益を得た人物で、その得た財を何らかの形で社会に還元する人は多い。瀧川辨三もそんな一人であった。

神戸の近代化

開国間のない日本には、強力な海外諸国からこの新国家日本をどう守るか、また古い日本からどう脱皮し西欧化、近代化を図るかといった、きわめて困難な難問が山積していた。

新国家の防衛にも、また新国家の近代化にも、気が遠くなるほどの財力が必要だ。先に見た通り、明治新政府にはこれに対処できる体力はなかった。

官の足らずを民が補い、明治の日本は官民挙げて総力で、この新生日本を世界に伍する、近代国家へと育てあげていった。これが明治の日本の力であった。

明治中期から後期の神戸

新生日本の一地方都市神戸もその例外にならない。

神戸の近代化の推進役は民間財界人たちであった。瀧川辨三もその一翼を担っている。

神戸の近代化に言及する前に、目を見張る勢いで膨張していく神戸を見てみなければならない。

明治以降の港町神戸の発展は、凄まじい。

1868（明治元）年の神戸港の輸出入額は、輸出45万円、輸入69万円に過ぎない。それが10年後には、輸出466万円、輸入425万円と桁を一つ増やし、さらに10年後の1887（明治20）年になるともう一桁伸ばし、輸出1277万円、輸入1385万円に達する。さらに9年後の

大正中期から昭和初期の神戸

１８９６（明治29）年には、なんと輸出額４０３１万円、輸入額は８２５５万円に跳ねあがる。この大発展は当然のこと、神戸に人を引き寄せる。

１８７５（明治８）年当時、神戸の人口は３万６０３０人だが、約10年後の１８８４（明治17）年には６万３１７９人。さらに１８８８（明治21）年には11万５９５４人と、一桁増えている。

この人口爆発の対策に、神戸は追われることになる。

まず手掛けなければならないのは神戸の生命線、港湾の整備と拡張であった。

港湾整備が大々的に行われる一方、新たな突堤建設も喫緊の課題となる。

既設の港湾整備や拡張がなされる一方、新港の開発拡張、新突堤建設用地が模索されるが、なかなか場所の決定を見ない。さまざまな思惑が絡み、１９０７（明治40）年にやっと小野浜に落ち着き、四本の突堤が１９２０（大正９）年に完成する。

この神戸港の拡張工事、改修に当然辨三もかかわっている。第一期築港整備への功績大として、１９２３（大正12）年に神戸市会から表彰を受けている。


次に、近代化の一歩として必要な上下水道の整備であるが、上水道の方は、神戸の水は美味で「赤道を超えても腐らない」との評判が立ち、外国船舶が給水と燃料の補給だけで神戸に寄港するほどだったから、従来通り井戸水等が日常の飲料用に供されていた。

しかし急増する外国船の入港や、急激な人口増もあずかって、１８９０（明治23）年にコレラが大流行する。これをきっかけに、上水道の近代化が図られることになる。

コレラ流行の10年後の１９００（明治33）年に布引貯水池が完成、奥平野浄水場や北野浄水場でも通水式が挙行されている。

神戸市水道委員としての貢献により、辨三は市より銀杯を授けられている。

下水道の方は、生活汚水を海に流して処理する下水設備が、１８７２（明治５）年にすでに居留地には存在したが、欧米の都市のように日本には生活汚水を川や海に流したり、道路に廃棄したりする風習はなく、また、し尿は重要な農業用肥料だったから、神戸に限らず日本の下水道整備は、かなり遅れることになる。

熱源や照明整備も、近代都市神戸が早急に取り組まなければならない課題だった。旧来からの日本の燃料や照明といえば薪や炭であり、イグサを菜種油に浸して明かりとし、ろうそくを点して行灯や提灯としていた。冬の寒さを凌ぐのは、炭を埋《い》けての火鉢や炬燵《こたつ》であった。

江戸時代、火事が頻発していたが、それもこうした裸火の照明や暖房が原因であり、火災防止上からも、燃料や照明の近代化は緊急を要する課題だった。

日本初のガス事業は１８７２（明治５）年の横浜だった。２年後、東京でもガス事業が始まり、86基のガス灯が銀座の街路を明るく照らし出す。

そして神戸だが、居留地では、街路にもガス灯が配され、夜の街を明るく照らしていたが、それは外国人経営のガス会社「ブラウン商会」が、居留地内限定でガスを供給していたからである。

一般の神戸市民はこの恩恵に浴せない。

神戸のガス事業はこの問題の解決から始めなければならなかった。外国人経営のこのガス会社との交渉であり、買収である。

神戸実業界の力を結集して莫大な資金を投じて買収し、1898(明治31)年にようやく神戸瓦斯株式会社設立の認可が下りる。

設立以前からこの会社にかかわり、取締役として尽力していた辨三は、1899(明治32)年に初代社長杉山利介を継いで2代目社長に就任。幾多の困難に遭遇しながら、草創期の神戸のガス事業に献身する。

このガス事業への神戸財界人の苦心尽力を、当時の神戸市長、鹿島房次郎が『追憶誌』に書き遺しているが、その中で辨三に触れ、一つのエピソードを紹介している。

ガス管の道路への埋設許可を与える条件として市は、当然一定額の市税、道路使用料を会社に要求するが、それを固定額ではなく、会社の売り上げに応じた割合にしてもらえないかという、辨三の申し出であった。

この辨三の提案を認可した鹿島市長は、後日談として、辨三がこのヒントを得たのはイギリスのグラスゴー市の例からであったと、述懐している。

辨三はこの考えを、どこで仕入れたのだろうか。

ガスはやがて照明から熱へと向かい、ガスは熱、電気は明かりという構図が定着していく。

神戸の電気事業は1887（明治20）年の有限会社神戸電燈の操業に始まる。

この会社は6年後に池田貫兵衛が社長を務める株式会社となり神戸の電気事業に貢献する。

神戸は傾斜に富んだ地形であるから、火力ではなく水力による発電所が造られていく。料金は高額だったが、やがて一般家庭にも普及することになる。

一方、電気鉄道の敷設発展もあり、また、重工業や製鉄といった大企業や各種商工業の発展に伴い、電力需要は高まる一方となる。

神戸電燈会社は入江通発電所に続き、葺合発電所、湊川発電所を開設し、高まる需要に対応していった。


鉄道関係では、いわゆる陸蒸気《おかじょうき》、石炭を燃料とする蒸気機関車が初めて日本を走ったのは横浜品川間だが、その後品川から新橋に延伸され、1872（明治5）年9月に開業に漕ぎつける。

時を経ずに京阪神でも鉄道の敷設工事が進められ、1874（明治7）年5月に大阪神戸間に陸蒸気が走る。

現在の元町駅が当時の三ノ宮駅で、さらに西の神戸駅が終着駅ターミナルであった。このころの両駅周辺は、人里離れた場所だった。

蒸気機関車に次いで電車が登場してくる。日本で最初に路面を電車が走ったのは1895（明治28）年の京都、次いで名古屋であった。

神戸の路面電車計画は、1893（明治26）年の、池田貫兵衛社長の神戸電燈株式会

湊川新開地を走る神戸市電

社による神戸電気鉄道株式会社（神戸市電の前身）と、土居利生による兵庫電気軌道株式会社からの申請出願に始まる。

辨三は１９０７（明治40）年に兵庫電気軌道株式会社の取締役に就任。同年に神戸電気鉄道株式会社の監査役も務め、初期の神戸の電気事業と電気鉄道事業にも貢献している。

神戸の路面電車だが、山積する数多の難問を乗り越え、１９１０（明治43）年4月5日に、栄町本線の開通を見る。春日野から兵庫駅前間に19の停留場が設けられ、盛大に開通式が挙行される。

神戸市はこの両民間企業から１９１７（大正6）年に事業の移管を受け、路面電車は以後市営として運行されることになる。

山陽鉄道

神戸と神戸以西を結ぶ鉄道は、大阪神戸間の延伸として着工される。

藤田伝三郎や村野山人らが山陽鉄道株式会社を興し、神戸と下関を結ぶ鉄道敷設計画を立案。1889（明治22）年の神戸兵庫間の開通に続き、1901（明治34）年には下関までの全線を開通させている。

この路線は1906（明治39）年に国に移管され、山陽本線と命名され今日に至っている。

近代都市のエネルギーは電力に大きく依存している。鉄道の電化、重工業の進捗、都市生活の発展等近代化が進めば進むほど、電力や燃料への依存は高まり、電力不足も顕在化する。

当然神戸でも電力供給に追われ、辨三ら財界人は大正水力発電会社を興して対応することになる。

膨張する神戸には、神戸に特有の難問があった。北に六甲山系を抱える地形である。六甲山系は海と並行し、30キロにわたり東西に延びている。

これはつまり、神戸は北への展開はままならず、膨張する市街は東西に延びざるを得ないということを意味する。

旧市街の兵庫は東に、新興神戸も東に延びる一方、次は西に向かわざるを得ず、大都会神戸は、今日にその姿を残す、東西に長く延びる展開を強いられる。

この西から東に、そして東から西に延び一体化しようとする都市の発展を阻む、北から南へ走る大きな自然の障害があった。湊川である。

北に迫る六甲山系に源をもつ神戸の河川はいずれも流れが急で、また大雨になるとし

完成なった湊川隧道

ばしば氾濫し、地域住民に甚大な被害をもたらしてきた。

そうした河川の一本であった湊川は、大量の土砂を港湾に運ぶ一方、河床にも堆積させる、いわゆる天井川であったから、氾濫防止のために高い堤防を築かざるを得ず、この川と堤防が、西と東から一体化しようとする兵庫と神戸を分断し、経済上、また交通上、大きな障害になっていた。

湊川の歴史は洪水の歴史と言える。１８７４（明治７）年と１８９６（明治29）年に大きな水害をもたらしている。特に後者の大洪水では、甚大な被害が出た。

こうしたことから湊川の治水は焦眉の急で

あった。

1884（明治17）年に申請されていた湊川の付け替え工事は、1897（明治30）年にやっと認可され、直ちに着工、翌年湊川隧道が完成。1901（明治34）年に完工をみる。

これは藤田伝三郎や鴻池善右衛門ら、神戸の財界人がこぞって湊川改修株式会社に関わる、民間による一大プロジェクトであった。

二本の川、石井川と天王谷川は菊水橋付近で合流して一本になる。これを湊川と称した。この川の流れを付け替えて新しい川とし、この新川の流れを、会下山をくりぬいて造成したトンネル湊川隧道に流し、これと苅藻川を合流させて新湊川にするという大工事であった。

今から120年も前に造成完工なったこの湊川隧道は、日本最初の河川用トンネルであり、貴重な近代土木遺産として、2019（平成31）年3月に国の登録有形文化財に指定されている。

この湊川の河川付け替え工事で堤防は撤去され、旧湊川とその流域周辺が整地されて

大正期の新開地

今日の新開地となり、兵庫と神戸のこの融合地が以後神戸有数の繁華街として大発展することになる。

この繁華街造成への辨三の寄与も大きい。この開かれた土地に大娯楽殿堂を、との呼びかけに応じて生まれたのが聚楽館だが、辨三はこの建設にも大きくかかわり、初代社長を務めている。

歌舞伎を呼び、映画を上映し、当時の神戸に少なかった文化と娯楽を庶民に提供する、そんな柔らかい一面にも辨三は携わっていた。

歓楽街にそびえる近代的な建物聚楽館は、

賑わいを見せる聚楽館

建築様式、経営方針ともに東京の帝国劇場を模した娯楽の殿堂で、神戸の新名所の一つになる。

湊川改修会社にもかかわった、武岡豊太、小曽根喜一郎、鈴木岩治郎、神田《こうだ》兵右衛門、瀧川辨三ら神戸の財界人の出資に、帝劇の大株主大倉喜八郎も加わり、聚楽館は1913（大正2）年に完成する。

辨三が亡くなったとき、辨三の葬儀に当たり、武岡は当時の聚楽館社長として霊前に弔意を述べている。

後に映画評論家として名を成す近隣在住の少年は、この聚楽館や近辺の映画館に入りびたり、ここで育てられたと述懐してい

伊藤博文の銅像が立つ大倉山公園

る。淀川長治である。

なお、大倉山公園は、この大倉喜八郎の別邸跡地に造られ、その名前を神戸に残している。

さて、神戸の発展と切っても切れないのが居留地であるが、明治政府はこの居留地の件で頭を抱えていた。

安政の五か国条約により、神戸の外国人居留地も、他の居留地同様、外国人による土地所有は認められていなかったが、地租はなく一定額の地代を支払うことにより、永代借用し利用する権利は与えられていた。

この永代借地権制度は１８９９（明治32）

年の居留地返還後も続く。

これは明らかに不平等条約に基づくものであったから、明治政府はせめて地租だけでも取れないかとハーグの国際司法裁判所に提訴したが、敗訴。残るは返還時に居留する外国人から買い取るしか手はなかった。

こうした経緯の中、最初に神戸の居留地の土地を外国人から買い取り、先鞭をつけたのは辨三だったという。このことを兵庫県知事、服部一三が書き遺している。


さて、地元神戸の近代化や実業界で活躍する辨三を、生まれ始めたさまざまな神戸の諸企業が、放っておくわけがない。

辨三は十指に余る企業の重役として経営に参画する。関係した企業名だけでも挙げておこう。

帝国水産、東亜セメント、神戸信託、兵庫倉庫、山陽皮革、神栄、豊国セメント、太平洋海上保険、日本毛織、日本商業銀行など、まだまだあるが、辨三はこうした将来の神戸や日本を背負う諸企業の、社長や取締役、監査役を務め、日本経済の発展に尽力しているが、『追憶誌』によると、こうした関係諸企業からの報酬は、会社の業績を思い、ほとんど断っていたという。

こんな辨三を政界も放っておかない。

1893(明治26)年には、神戸市湊東《そうとう》区会議員に当選し、以後、1902(明治35)年まで務めている。

湊東区とは現在の神戸市中央区と兵庫区の一部から成る旧の区で、おおむね今の中央区楠町、多聞通、相生町、東川崎町、兵庫区の新開地、福原町、西多聞通、荒田町などから成っていた。

また1895(明治28)年には神戸市の市会議員を務め、1901(明治34)年に神戸市参事会員となり2年の任期を全うしている。参事会とは、今は存在しないが当時、市長、助役と、30歳以上の選挙権を有する公民6名の計8名で構成された合議制執行機関で、市行政の中枢をなす重要な組織であった。

このように辨三は地元神戸の一住人として、マッチ業界だけでなく、神戸の実業界や政界など、多方面にわたって大きな足跡を残している。

そんな辨三が晩年、最も心血を注いだのが、神戸の教育界であった。兵庫中学校の救済であり、瀧川中学校の設立である。

次章では神戸の教育界に乗り出した経緯を見ながら、辨三の教育観を覗いてみたい。

瀧川中学校の設立

瀧川辨三はその生涯のいつごろから教育に関心を抱いていたのだろうか。

筆者は、辨三はかなり若いころから、教育への思いを温めていたのではないかと思う。大阪に出て、積極的に当時の先端の学問、理化学や英語に接し、さらには東京に出て福沢らに斬新な思想や考えを学び、やはり当時の最先端技術の電信を会得し、という若き辨三の積極的な行動を追うと、机上での勉強もさることながら実務実際の学問に惹かれている様子が見て取れる。

事実、学んできたことがすべて後の辨三の血肉となり、意味を持つものになっている。マッチ製造に着手し、その途上で経験する試行錯誤、苦心、苦労、経験、販売、そして輸出、こうしたさまざまな実体験を通しても多くを学んでいる。

そして、起業して間なしの、家計にまだ余裕もなかっただろう時期に、貧しい家庭の子どもたちを書生として住まわせ、学校に通わせている。

また工場でも、職工たちに読み書きそろばんを教える場と時間を作り出している。女工たちにも勉強や裁縫を奨励している。

そして、いくらか余裕ができると、辨三がまず行ったのは、前身が母校の藩校集童場である山口県山口中学校豊浦《とよら》分校への大時計の寄付であった（辨三の寄付行為や栄誉を、追補として145〜149ページにまとめた）。

辨三には机を並べ、友と学んだあの集童場の情景が心に浮かんでいたに違いない。

その後の教育機関への寄付関係を見てみると、辨三が若いころから、学校や教育にどれほどの関心を抱いていたかが、十分理解できる。

若いころから辨三の胸には教育が、通奏低音として流れていたのではないか。

また、1872（明治5）年に学制が布かれ、多くの公立学校が誕生するが、その補完として私立の学校も設立されている。この刺激も大きかっただろう。

こうした教育界の流れもあり、辨三が生涯の集大成として神戸の教育事業に関わり、学校を設立し経営するに至ったのは、決して偶然ではない。必然だったと筆者は思う。辨三の究極の夢、ロマン、公への私財の還元は、明日の日本を背負って立つ若者の教育だったと、筆者は断言できる。

さて、辨三は自ら興した清燧社と、娘婿儀作が経営する良燧社を合併して、1916（大正5）年8月に、資本金200万円の瀧川燐寸株式会社を創設する。

当時の神戸実業界に君臨していたのは、巨大資本を有し、中央政界とも深いつながりを持つ巨大商社、鈴木商店であった。

この鈴木商店の大番頭金子直吉は、その資本力に物を言わせて次々業容を拡大していくが、その金子が新規拡大事業の一つとして目を付けたのが、マッチであった。同年、金子は瀧川燐寸の向こうを張り、100万円を投じて、帝国燐寸株式会社を創設する。

辣腕《らつわん》金子のマッチ業界への、いわば殴り込みであり、瀧川燐寸は一大ピンチに晒《さら》される。

そこで瀧川父子は数次にわたって金子を説得し、帝国燐寸と瀧川燐寸の合併に漕ぎつける。金子は、資本は出すが口は出さないという約束で新会社の経営を瀧川に任す。

こうして、資本金200万円の瀧川燐寸と、鈴木の出資分200万円を合わせた、資本金400万円の大マッチ会社、東洋燐寸株式会社が誕生する。

1880（明治13）年に神戸新場で産声を上げた瀧川辨三の清燧社は、東洋燐寸と社名を変え、マッチ業界アジア一といわれる大企業に成長した。

ところが辨三はこの会社の社長職を、1918（大正7）年4月にあっさりと女婿の儀作に譲り、相談役に退いてしまう。

辨三としては人生の一仕事を終え、事業の集大成を成し遂げ、長女の養子に後を託したということだっただろうか。

こうして辨三はマッチ業界並びに実業界から一歩距離を置く。

67歳のことである。

この社長辞任の何年か前から、ある学校名が辨三の耳に届いていた。

兵庫中学校である。

会下山にあった兵庫中学校は、経営が行き詰まっていた。時の校主は知事清野長太郎に、学校の救済を願い出る。このままでは廃校もやむを得ない、在校生200余名は母校を失うことになる。

清野は前任の知事服部一三に相談を持ち掛ける。服部は清野に、救済者は瀧川辨三をおいていないと提言する。

清野は兵庫中学校の窮状を辨三に話す。引き受けてもらえないか。

辨三は即答を控え、しばらく猶予をと、清野の元を辞す。

追補（145〜149ページ）にある通り、辨三は多くの教育機関に寄付をし、支援している。

神戸の私立学校では、育英高等学校の前進甲種育英商業学校へ、同じく須磨学園の前進須磨裁縫女学校へ、須磨浦小学校へ、神戸中華同文学校へ寄付支援し、神戸村野工業高等学校（2023年度より彩星工科と校名変更）の前身村野徒弟学校設立時には、創立者村野山人に乞われ、評議員をし、後理事に就任している。

こうした教育機関や諸学校への寄付や関わりを繰り返すうちに、同郷の友人、桂弥一によれば、辨三の心にいつの日か自分の学校を、の夢が芽生えていたという。

辨三は、この自分の手になる学校をとの思いと、窮状にあえぐ学校の救済と、この二者択一で悩む。

工場と学校を同一に論じるなとお叱りを受けるかもしれないが、筆者も読者も、辨三が事業の途上で再建を請われた多くの工場を閉じずに、そのまま存続させたことを知っている。

それは工場を閉鎖すると、その工場で働く者たちが、職場を失うからという理由が大きかった。辨三は何よりも自分の工場で働く者を大切にしていた。

この考えが、この学校の件でも当てはまるように思う。このまま放置してしまったら、兵庫中学校の教職員は失職し、生徒は母校を失う。

この事実に、手を差し伸べずして教育云々が言えるのか。

辨三は結論にたどり着く。

辨三に自己愛の思念はない。あるのは愛他の精神だけだ。自利ではなく他利の心で動く。悩むことではなかった。

辨三は、兵庫中学校の救済を決意する。

そう決心すると、すぐさま行動に移すのが辨三流である。

兵庫中学校が抱えていた多額の負債を肩代わりし、校地校舎、教育機器等一切を買い取り、さらに5万8000円を投じて財団法人を設立する。

1918（大正7）年1月、新兵庫中学校の設立が認可され、同年4月1日に辨三は、兵庫中学校の前校主黒川澄江に代わり、財団法人兵庫中学校の校主校長に就任する。

経営を引き継いだ兵庫中学校は、会下山公園の一角にあり、校地校舎は狭小で、そのうえ教育環境も良好とは言えなかった。

このままこの場所で教育事業を継続するのはどうか、という思いが辨三にあった。

よりよい教育をするにはこの狭小な会下山の地を離れ、環境を変えなければならない。

当時の神戸の私立学校は、1875（明治8）年創立の、神戸山本通の女学校（現在は西宮市岡田山に移転している神戸女学院）、また1887（明治20）年創立の、神戸元町通の善照寺に所在した親和女学校（現在は神戸市灘区六甲にある親和女子学院）、そして1889（明治22）年の創立になり、神戸市王子町が発祥の関西学院（現在は西宮市上ヶ原に移転）であったが、いずれも神戸の居留地北側に所在した。

辨三は兵庫中学校の移転先を模索する。神戸の西方への移転が辨三の頭にあった。瀧川のマッチ業発祥の地は神戸の西の湊川だが、教育環境としては適切ではない。それよりさらに西、別邸があり、そして関わりのあった須磨浦小学校が所在するあたりの、須磨の地が辨三の脳裏にあった。

校地を須磨の近隣と定め、辨三は土地を求めた。

白羽の矢を立てたのが、神撫山（高取山）から南に開けた、現在の板宿の地であった。このあたり一帯は当時、禅昌寺（臨済宗南禅寺派神撫山）の寺領だった。この領地内の一角を分けてもらうべく、辨三は禅昌寺に赴く。

時の住職嶋田菊遼と話をし、肝胆相照らし、学校用地にされるのであればと、現在の須磨区宝田町に当たる地所を提供してもらえることになった。

校地が決まり、校舎の設計建設に取り掛かる。

辨三のことである、学ぶ生徒のことを最優先に考え、どのような校舎教室にすれば生徒が利用しやすいか、設計に没頭する。

この時期は辨三にとって、生涯でも最も充実した楽しいひとときではなかったかと筆者は推察する。

辨三の意に反するようで気が引けるのだが、下種な筆者の気にかかることの一つに、辨三は板宿の校地と校舎にどれほどの財産をつぎ込んだのか、というのがある。

これには、『追憶誌』の求めにより同誌への再掲に応じた、山口県の塚本小治郎編の「瀧川辨三翁小伝」が答えてくれる。

この小伝によると、辨三は校地購入および校舎の建築費に50余万円を費やしている。現在の1円の価値は、大正のこのころは4000円に相当したという。今の金額に換算すると20億円超になるだろうか。

財団の設立があり、兵庫中学校の負債を引き受け、会下山の校舎の解体があり、校地の売却益があったとしても、板宿の校地の買い取り、校舎の建築、その他諸々の費用や初期投下資本等などを考え合わせると、新兵庫中学校の校地校舎に辨三がつぎ込んだ財産は、とても20億円では収まっていない。

一方で学校は休まず動いている。傾いているとはいえ、兵庫中学校の日々の学校活動は続いている。当然当座の運転資金も必要になる。

今の時代であれば、公的資金による私学助成制度も充実し、私学で学ぶ生徒たちへの就学支援金制度も創設されていて、私立学校関係の公的支援も恵まれた状況にある。

しかしこの辨三が学校に関わりを持ったころは、こうした私学への公の援助制度は皆無であり、設立資金はおろか、設立後の学校運営資金も、すべて篤志家の私人か、私的団体に厚志を仰ぐしか道はなかった。

兵庫中学校は経営に生き詰まった学校であったから当然、教員人件費その他の当面の運転資金にも事欠き、新しい学校になったとしても、資金の補填も必須だった。

これらすべてを、辨三は余人の財力を借りず、次々私財をつぎ込み、たった一人でやってのけている。

マッチ王といわれるほどの大資産家であったかもしれないが、実に莫大な財産の投入だ。しかし辨三は学校のために喜んで私財を投じただろう。

これが、瀧川辨三である。

さて、新校舎の建設は1919（大正8）年4月10日の着工になる。

辨三は工事中、頻繁に妻吉と現場に足を運び、工事の進捗を楽しみ、竣工を待ちわびた。教室で机を並べて勉強する生徒たち、広い校庭を駆け回る子どもたち、こうした情景を思い描くとき、辨三の頬は自然にほころんだことだろう。

この容器に盛る新しい学校の教育方針を考えることも、辨三にとって楽しいひと時だった。

辨三は、

青少年は第二の国民として国家を双肩に荷って立つべきものである。しかるに現在の教育は知育を主として徳育に重きを置かず、科学万能主義にして人格の養成に努めず、遺憾である。願わくは一人でも多く有為の人格者を養成し国家のために尽くさしめたい。

と、その教育論を披歴している。

これがこの新しい兵庫中学校の教育方針になる。

この教育論は、時代を超えた普遍の真理であろう。


その一方で、新しい学校名をどうするか、辨三は悩む。兵庫中学校という校名は変更するとして、新学校名はどうするか。

当時朝鮮で高等専門学校の校長をしていた岡元輔（辨三を継ぐ瀧川中学校2代目校長）を、清野知事は辨三の相談役として呼び寄せていた。

辨三は岡に、校名を須磨中学校にしたいと持ちかける。

この辨三の申し出に対し岡は、私は瀧川中学校がいいと思うと進言する。

瀧川辨三先生が新たに始められる学校だからこそ、辨三先生の生き方が、瀧川先生の精神が、十全に反映される学校だからこそ、私は清野知事の求めに応じて帰国した。自分は辨三先生のこれまでの素晴らしい生き方とその事績業績を踏襲して、学校経営に当たりたい。それゆえ、瀧川中学校と命名していただきたいと述べた。

辨三にしてみれば、学校に瀧川という個人名をつけることははばかられた。売名とも

完成した瀧川中学校（旧制）

取られかねず、また瀧川の事業との関連で、どんな迷惑が学校に及ぶとも限らない、そんな思いがあった。

しかし熱誠込めて語る岡の意見を入れ、校名は瀧川中学校と決定することにした。

1919（大正8）年8月15日に校名変更の認可が下り、兵庫中学校は瀧川中学校と校名を変更する。

兵庫中学校の教職員も生徒もそっくりこの瀧川中学校に移籍し、ここに、晴れて辨三念願の学校が誕生する。

突貫工事で進められた新校舎建設は、6か月後の10月に完成を見た。

重厚で斬新、最新設備をそなえた2階建ての校舎が広々とした校庭と共に、まだ人家もまばらな板宿の地に、威容を見せた。

ここに名実ともに瀧川中学校が誕生するのである。

第１回の卒業生

この新校舎での第１回卒業式が、翌１９２０（大正９）年３月８日に挙行される。

この卒業式の式辞で校長辨三は、次のように話す。

諸君は、燃える希望と悦びを抱いて、本日学窓を出て実社会に、あるいは専門の学校に進まれるであろう。しかし、世の中の行路は坦々ではない。波もあろう、嵐もあろう。だから健康に注意して、いかなる苦難に対してもこれを悦んで迎えよ。しからば、その瞬間よりその苦難はもう既に苦難ではない。

瀧川中学校第1回卒業生は、感動をもってこの式辞に聞き入り、校長瀧川辨三に送り出されている。

会下山の狭い校舎からこの広い新校舎に移って卒業式を迎えた、入学は兵庫中学校、卒業は瀧川中学校の、53名の第1回卒業生はいずれも、感無量だっただろう。

辨三も感慨ひとしおだった。

『追憶誌』への寄稿を依頼された、この大正9年の瀧川中学校第1回卒業生はこぞって、辨三への感謝と畏敬、そして崇敬の念を披瀝している。

新年度の授業を新校舎で続けながら、残余の工事も終わり、新装瀧川中学校は落成した。竣工後まもなくの7月1日に辨三は校長を辞し、岡元輔にその席を譲っているから、辨三が新校舎瀧川中学校の講堂で、校長として卒業生に式辞を述べたのは、後にも先にもこれ一回きりである。

1920(大正9)年11月9日、多くの来賓や関係者が集い、新校舎の落成式が挙行される。

この落成式の挨拶で辨三は、次のように述べている。

御覧のように、校庭にはまだ樹木の一本もございません。瀧川の学校事業に賛意を表され、助けてやろうというお志のある方がおありでしたら、教育環境を整えるためにも、ぜひ植木をご寄付いただけたらと存じます。

次々と厚志が寄せられ、1か月も経ずに、さまざまな木々の緑が校地を飾る。今日に残る大きな木は、ほとんどがその厚意の名残である。

旧正門横の大きなカイヅカイブキは辨三が自ら手植えしようとしたが急逝でかなわず、妻吉が代わって植えたという。

校長職を託された岡元輔は、辨三の教育方針「文武両道に長けた青少年の育成」と、辨三が自らの人生から導き出した「至誠一貫」「質実剛健」「雄大寛厚」を校訓とする、「徳育」を基盤とし、その上に「体育」と「知育」を据えた教育を、教職員と共に実践する。手塩にかけた、この動き始めた瀧川中学校を、辨三はもう少し見ていたかっただろう。

しかしそれはかなわなかった。満たされた思いを抱きつつ、１９２５（大正14）年1月25日、大正の御代と共に、生田町の本宅でその生涯を閉じた。

74歳であった。

辨三は、マッチ業で財を成し、その得た財産を人々と社会、そして神戸や国へと還元した。

兵庫中学校の救済、そしてこれに続く瀧川中学校の設立という教育事業は、この辨三の生涯の思いを十全に示す、具体的なモニュメントである。

瀧川中学校の創設は、瀧川辨三が歩んだ人生の中で、最大の公への還元であり、また究極の個人の夢でもあった。

現在の滝川中学校・滝川高等学校にある辨三の胸像

おわりに

瀧川辨三彰功碑末尾の四言詩の初句は、「一誠終始」であった。この初句ほど辨三の人となりを表しているものはない。

人は一誠をもって一生を終えるべし

辨三は生涯、人生と真正面から向き合い、終始一貫、堅実に正道を歩み、誠心誠意をもって全ての事に当たり、絶対の信用を築き上げた。

自らの利益よりも他の利益、これを常に念頭に置き、行動指針としている。利潤追求を旨とする実業の世界に身を置きながら、策を弄さず、正攻法で、正面から対峙し、この信念を貫いてきた。

得た財を私すること最少とし、そのほとんどを事業の拡大と、人のため、世のため、国のために使った。

古来、日本の商業実業界にある理念として、「自利他利公私一如」という表現がある。まさに瀧川辨三はこの理念を地でいった人物であった。

また、後藤新平は「財を遺すは下、仕事を遺すは中、人を遺すは上とする」と言う。辨三は次代を担う若者を育てる学校という場を遺して逝った。理想の人生ではなかったか。


またサムライ精神の横溢した人生であった。潔い。

士族をきっぱりと捨て、官吏を志し、これも自分の生きる道ではないと判断すると、思い切って故郷の家財一切を処分し、実業の世界に飛び込んでいく。

苦心の末、マッチ業を神戸の代表的な地場産業に育て上げて神戸の発展と繁栄に尽くし、マッチを日本の代表的な輸出産品に押し上げ、明治・大正期の近代日本の一大製造業となし、晩年には大増資して東洋一とうたわれた会社に育て上げた。

ところがこれも、きれいさっぱり養子儀作に譲り、実業の世界から身を引く。

そして、立ちいかなくなった神戸の私立学校を救済し、莫大な自己資産を投じて新校地を求め、新校舎を建設したが、完成と同時に校長職を辞し、これもあっさり岡に譲る。「すぱ、すぱ」と、実に切れ味がいい。名刀を思わせる。

そしてその生涯の閉幕も脳溢血であった。最後の最後まで、潔い。


辨三の生涯を貫いていたのは、侍の美意識ではなかったか。

「美しく生きる」を巧まずして地で行く生涯、これではなかったか。

まさに「士魂商才」、その典型となる武士の一生ではなかっただろうか。

瀧川辨三が誕生祝いにもらった白い大きなキャンバスに描いた作品は、以上のような絵であった。読者の皆様はこの作品をどう御覧になっているだろうか。

＊＊＊

本書は『瀧川辨三先生追憶誌』に頼り切って書き上げられた。この『追憶誌』は、昭和3年5月5日の刊行であるから、瀧川辨三の死から三年後に刊行されたことになる。

発行所は瀧川中学校。編輯兼発行人は瀧川中学校内植田寅太郎とある。

二代目校長岡元輔の巻頭言、植田先生の手になる「先生年譜」、山口県吉敷郡井関村の塚本小治郎編纂の「瀧川辨三翁小伝」、これに続く実に多様な各方面の関係各位が綴った瀧川辨三への追想と、辨三への溢れる讃嘆、讃仰、痛惜の念で溢れたこの書がなかったら、筆者は到底、本書を書き上げることはできなかった。

まさに編輯兼発行人の植田寅太郎先生には、衷心から感謝の言葉を捧げるばかりである。何とか辨三が描けているとすれば、この『追憶誌』のおかげである。

『追憶誌』を今日まで残してくれた瀧川学園にも深く感謝しなければならない。

また、校祖瀧川辨三に心酔し、瀧川学園をこよなく愛する徳元啓男先生がいなければ、本書はなかった。

徳元先生は、「道」と題した分厚い瀧川辨三伝の下書きを、さまざまな角度から何種類も編纂し、筆者に、これはどうだ、これはどうかと、幾度も手渡しに来た。その都度筆者は尻を叩かれ、何とかしないと、何とか形あるものにしないと、という思いに駆られ、内心、焦りの5、6年を過ごした。

先生の草稿も参考にさせていただきながら本書は書かれたが、本著作の筆を執ったのは瀧川好庸であり、本書に係る責任のすべてはこの瀧川にある。

本書が世に出、人々の手に取られることがあるとすれば、それは、今は亡き瀧川辨三を崇敬する実に多くの方々と、徳元先生のお陰である。

学校法人瀧川学園滝川中学校滝川高等学校は、瀧川辨三が神戸の教育界に残した一大モニュメントであり、瀧川辨三なる人物の集大成である。

この畢生の大遺作も無事、１００周年を迎え終えた。

瀧川の二つ目の学校が、同じく神戸市にある滝川第二中学校高等学校であるが、こちらも創立40周年を迎える。

瀧川学園の両方の学校が末永く継承され、地元神戸に、日本に、そして世界に、多くの有能な人材を送り出してくれることを、辨三は心から願っているに違いない。

筆者も同様の思いを抱きつつ、筆を擱く。

完

２０２３年9月

瀧川 好庸

現在の滝川中学校・滝川高等学校

追　補

瀧川辨三の個人的な寄付行為と栄誉については、『瀧川辨三先生追憶誌』に基づいてここに書き留めることにする。

辨三は実に多方面にわたり、多くの寄付をしている。

【社会福祉関係】

日本赤十字社への寄付が目に留まる。

１９００（明治33）年に１０００円を寄付して特別会員になり、１９０１（明治34）年には兵庫支部の商議員に、１９０４（明治37）年には日露戦争関係への貢献少なからずとして表彰され、晩年には山口支部の病院建設費として１０００円を寄付する。その他10余回にのぼる寄付貢献により、総裁載仁親王から再三感謝状を受けている。

【災害救済関係】

自然災害や窮民救済への寄付も目に留まる。

１８８６（明治19）年、和田見崎《（ママ）》町外19か町の窮民救済に寄付。１８９１（明治24）年、愛知県下震災災害者救済のため。１８９２（明治25）年の岐阜県震災への救護金。１８９８（明治31）年、岩手、宮城、青森三県の津波被害者への救援。同年の神戸市水害被災者への支援。１９１０（明治43）年、東京府外1府28県水害被災民への支援等などが挙がっているが、まだまだあっただろうと思われる。

【教育・神社仏閣関係】

１８８６(明治19)年山口県山口尋常中学校豊浦分校へ大時計の寄付。同年山口県尋常小学校へ寄附。１９０２（明治35）年山口県尋常中学校豊浦分校校舎建築費として１００円。１９１４（大正３）年山口県豊浦郡長府町図書陳列館及び公園建築費として５００円。１８８７（明治20）年、湊川尋常小学校建設費に寄付。１８９８（明治31）年湊川尋常高等小学校生徒会への支援。１９０９（明治42）年湊川尋常高等小学校へ大時計の寄贈。１９１３（大正２）年神戸市立多聞尋常小学校へピアノ寄贈。１９１４（大正３）年早稲田大学第二期計画基本金へ５００円。１９１６（大正５）年北海道網走町藻琴尋常小学校附属教員住宅建設費として50円。１９１７（大正６）年私立育英商業学校に５００円。１９２３（大正12）年に北海道網走郡濤沸尋常小学校建築用地として所有地４段寄付、など。

【図書館や商品陳列館関係】

１８９５（明治28）年、府立大阪商品陳列所陳列館建設費への寄付。１９１７（大正６）年大正天皇即位記念大典記念図書館建築費として２０００円。

【神社仏閣関係】

１９０６（明治40）年、別格官幣社湊川神社摂社甘南備神社社殿創立費として１００円。１９２２（大正11）年摩耶山天上寺大修理費として１００円。

【国及び軍関係】

１８９６（明治29）年神苑会（伊勢神宮守護の会）設立趣旨賛同により１００円。聖徳太子１３００年御忌奉賛会へ寄進。１９０８（明治41）年大日本武徳会へ。１９１１（明治44）年沖縄県公共事業費として金10円。帝国軍人後援会へ100円。1912（大正元）年仁和会へ50円。1915（大正4）年に朝鮮教化資金として1000円。1921（大正10）年には財団法人戦役記念保有会事業費として100円。

次に、栄誉・表彰関係を記載しておく。

1900（明治33）年神戸市水道委員、また神戸築港準備委員会委員として表彰。兵庫県マッチ同業組合事業への尽力による金杯受賞。1902（明治35）年勲六等瑞宝章。1903（明治36）年軍艦宮古に搭乗、陪観の招待。軍艦出雲での宴会に招待。同年陛下巡幸の際、中道燐寸工場を見学。第5回内国勧業博覧会出品による名誉銀杯受賞。商業使節団の一員として、上海、広東、香港、シンガポールへ。1907（明治40）年東京勧業博覧会にて名誉銀杯受賞。1910（明治43）年、実業観光団の一員として朝鮮、満州を視察。この慰労により浜離宮にて午餐、紋章入り銀製花瓶を下賜。1911（明治44）年皇太子殿下による花籃印安全燐寸の購入。神戸貿易製品共進会にて名誉大賞を受賞。陛下、花籃印安全燐寸を購入。1915（大正4）年、賢所および紫宸殿の儀礼に参列。のち賢所神楽の儀に参列。御即位礼及大嘗祭後、大饗夜宴に参列。貴族院議員に選出、以後1918（大正7）年まで4年務め、のち貴族院研究会客員。１９１６（大正５）年、浜離宮観桜の席に陪席。陛下御真影拝戴。勲四等瑞宝章授章。１９１７（大正６）年伏見宮殿下御殿にて全国実業家と午餐。燐寸業界の現状を言上。１９１８年（大正７）年大阪兵庫マッチ同業組合連合会会頭辞任に当たり表彰。１９２０（大正９）年、紺綬褒章受章。１９２１（大正10）年、伏見宮貞愛親王殿下の午餐に陪席。１９２２（大正11）年、神戸市教育への多年の貢献により、学制発布50年記念に際し銀杯を受賞。臨時神戸港施設委員としての尽力により金５００円を賜る。１９２３（大正12）年、大蔵省より金杯を賜る。神戸港第一期築港設備への功労多として神戸市会より記念品料２００円を贈られる。大阪税務監督局管内神戸税務署所轄内相続税審査委員に任命。

以上、『追憶誌』の記載に基づき、瀧川辨三の主な寄付・表彰関係を略記した。

著者略歴
瀧川好庸（たきかわ・よしのぶ）
1942年　兵庫県に生まれる
1965年　上智大学外国語学部卒業
1970年　同大学院修士課程修了
1970年　上智大学文学部助手
1985年　上智大学文学部教授（～1995年）
1990年　学校法人瀧川学園理事長（～2020年）
　　　　この間数度、滝川第二中学校高等学校校長歴任
訳書　『ナポレオンとジョゼフィーヌ』（中公文庫）
　　　『ナポレオン戦線従軍記』（中央公論社）
　　　『獅子は斃された　エチオピア革命と愛』（中央公論社）
著書　『シャトーブリアンとナポレオン』（理想社）
　　　『私学の理想と現実』（幻冬舎ルネサンス）

瀧川辨三《たきかわべんぞう》　神戸《こうべ》と燐寸《マッチ》と教育《きょういく》と

2023年10月30日　初版第1刷発行

著　者　瀧川好庸《たきかわよしのぶ》
発行者　金元昌弘
発行所　神戸新聞総合出版センター
〒650-0044　神戸市中央区東川崎町1-5-7
TEL 078-362-7140　FAX078-361-7552
URL　https://kobe-yomitai.jp/
印刷所　株式会社 神戸新聞総合印刷

ISBN978-4-343-01204-3 C0023